U0569409

978 75 1615 5486

目　录

群，已经成为衡量一个国家或地区经济社会发展水平的重要标志。自改革开放以来，随着经济的高速发展，中国已初步形成长江三角洲、珠江三角洲、京津唐、辽中南、闽东南和山东半岛 6 大城市群，成为中国经济版图上最具活力和发展最快的 6 大板块。城市群已经成为区域经济一体化的重要载体。

自改革开放到 90 年代末，中国实行向沿海倾斜的区域发展战略，采取了对外开放、投资倾斜以及优惠政策等多种方式推进东部沿海地区的发展。山东省适时调整了区域经济布局，对胶济沿线、陆桥经济带和京九沿线及黄河三角洲等经济区域实行倾斜政策。20 世纪 80 年代，山东省提出了"东部开放，西部开发，东西结合，共同发展"的方针，以追求最佳宏观经济效益为目标，实施重点突破、带动全局的战略。90年代初，山东调整了外向型经济发展的区域布局，提出了以青岛为龙头，烟台、威海、新石铁路、津浦铁路、济青公路两侧设区布点，展开布局，形成整体对外开放新格局。同时，山东省提出并实施了"海上山东"及"黄河三角洲开发"两大战略，促进了半岛地区的发展。通过实施重点倾斜战略，山东省的资源要素向半岛地区集聚，使得半岛地区自身的综合实力不断增强。

山东半岛通常是指由寿光小清河口到日照绣针河口两点一线以东的部分，即威海、烟台、青岛、潍坊、日照 5 市。此外的济南、淄博属于胶济、兰烟沿线的城市密集地区；东营则属于国务院规定的山东沿海经济开放区。在左右兼顾的基础上，2002 年，山东省将这 8 个城市纳入一个统一的战略群体，提出"半岛城市群"战略来促进山东经济的发展。济宁、泰安两市的旅游资源丰富，并且拥有两个国家 5A 级旅游景区（山东省仅 3 个），所以本书研究的地域范围是山东半岛旅游圈，包括半岛城市群"8 +2"共 10 个地市（如图 1 - 1 所示）。

该区是山东省城镇密集地区，包括 10 个地级市、35 个直辖区、27个县级市、363 个街办、23 个县、101 个乡、624 个镇（见表 1 - 1），分别占全省数量的 71.4%、87.1%、38.3%、74.5%、38.3%、37.4%和 56.2%；该区面积 9.3 万平方千米，占山东省总面积的 59.07%；2008 年底，该区人口达 5647.6 万，占山东省总人口的 59.97%，人口密度为 608 人/平方千米。该区交通便利、设施完善，是中国大陆距日、

第一章 绪论

第一节 选题背景和依据

区域经济合作是一个世界性的发展趋势，世界各国从经济利益权衡出发，利用区域地缘优势，实现区域内各国经济的相互依存、优势互补与共同繁荣。20 世纪后半期，全球旅游业快速发展，促进了世界各地旅游资源的大规模开发，也使旅游业的竞争日益激烈，各地纷纷走区域旅游合作的道路。区域旅游合作逐渐成为世界旅游业发展的一种趋势，也成为各地提高旅游竞争力、改善区域旅游总体形象，实施旅游业持续、健康、快速发展的重要途径。中国是世界旅游大国，突破行政区划的局限与分割，开展区域合作，建立资源互用、客源互送、产品互补、效益互享的区域旅游网是实现旅游业可持续发展的必然选择。

一 山东半岛城市旅游群概况

（一）山东半岛城市群的形成

城市群是社会城市化进程中出现的一种城市空间组织形式，是高级阶段的城市化。城市群的形成过程是，首先形成中心城市；其次由中心城市向外辐射，促进周边城市群的形成；最后调整城市群关系，形成区域经济中心。城市群的概念最早是由法国地理学家戈特曼（Jean Gottmann）在其 1961 年出版的《城市群：城市化的美国东北海岸》中提出的。纵观世界经济发展史，进入工业化阶段以后，城市特别是大城市对区域发展的辐射带动作用越来越大，而以特大城市为中心的城市发展韩两个亚洲发达国家最近的地区，也是山东省发展水平最高、潜力最大、活力最强的经济核心区（见表1-2）。

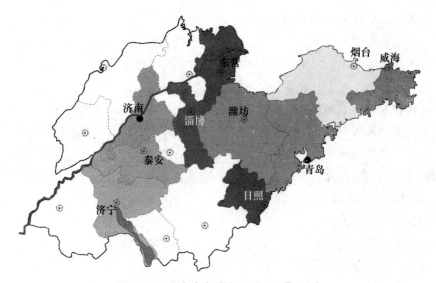

图1-1 山东半岛城市群"8+2"区域

（二）山东半岛城市群的发展

山东半岛城市群地处中国北方沿海经济发达地区，优越的区位条件和地缘优势为山东半岛对外开放和发展外向型经济以及同内陆腹地的联系提供了便利，同时良好的国内外环境也为该区的发展提供了广阔的空间。

从自然地理区域构成来看，山东半岛城市群横跨鲁东丘陵、鲁中山地、山前平原和鲁北滨海黄河三角洲4个地理区域。东部突出于黄海、渤海之间，构成环渤海经济区的陆地脊梁，隔海与辽东半岛、朝鲜半岛、日本列岛相望。中西部与山东省内的鲁北、鲁中、鲁西北、鲁东南经济区相嵌连。山东半岛城市地带面向太平洋，背靠欧亚大陆，是全国水陆交通最方便的地区之一。胶济、蓝烟铁路横贯东西，京沪铁路纵穿南北。有6个对外开放港口和2个国际机场，渡黄海与日本、朝鲜，越太平洋与美洲、大洋洲等世界其他地区来往便捷，是中国黄河下游、中原、华北和西北等省区主要的出海门户。

从经济结构和经济发展水平看，山东半岛城市群按照"梯度推进"理论可以划分为东、中两大经济带，即以青岛、烟台、威海、日照、潍坊、东营为代表的沿海城市，其独特的地理环境形成了以外向型经济为主导的经济结构，外资及合资企业在经济中占有较大比重，成为整个山东半岛城市群对外开放的龙头，其经济发达、人民生活相对比较富裕；济南、淄博、泰安、济宁4市在地理位置上位于山东中部，这4市以内向型经济为主导，其经济发达程度、人民生活的富裕程度以及对外开放程度相对于东部地区有一定的差距。由于优越的地理及文化背景，以及固定资产投资的变化，济南、青岛两市在经济发展水平、经济结构、工业化水平方面相对于半岛城市群其他城市而言是较高的，在山东省内具有重要的战略地位，形成了双中心格局。青岛是山东省最主要的经济中心，济南则是政治、经济、文化中心，它的发展更多地得益于投资倾斜。

从行政区划看，新中国成立后至改革开放前，山东省的行政区划发生了多次调整。在行政区划的调整过程中，城市的地位发生了较大变化。除了青岛、济南作为省辖市的地位未变外，半岛地区的淄博、烟台、潍坊、威海的地位都随着经济地位的改变而发生了改变。

半岛城市群区域旅游合作就是其内部特性、层次、结构、水平不同的各个地区之间通过特定方式形成的层次有别、关系密切、结构复杂、内涵丰富的庞大体系。半岛城市群中城镇密集，交通便利，设施比较完善，聚集了山东省主要的优势资源和先进生产力，是山东省对外开放的前沿、经济发展的支柱和社会文化发展的重心，是带动山东省发展的"龙头"区域，也是山东省发展水平最高、潜力最大、活力最强的经济区域，现已跻身于中国东部沿海地区发展较快的城市群行列。

（个）

表1-1　2008年山东半岛城市群行政区划一览表

地级市	直辖区		县级市		县		街办	乡	镇
济南市	6	市中区,历下区,天桥区,槐荫区,历城区,长清区	1	章丘市	3	平阴县,济阳县,商河县	73	11	50
青岛市	7	市南区,市北区,城阳区,四方区,李沧区,黄岛区,崂山区	5	胶南市,胶州市,平度市,莱西市,即墨市			99		79
淄博市	5	张店区,临淄区,淄川区,博山区,周村区			3	桓台县,高青县,沂源县	24	8	74
东营市	2	东营区,河口区			3	垦利县,广饶县,利津县	7	13	23
烟台市	4	莱山区,芝罘区,福山区,牟平区	7	龙口市,莱阳市,莱州市,招远市,蓬莱市,栖霞市,海阳市	1	长岛县	50	6	93
潍坊市	4	潍城区,寒亭区,坊子区,奎文区	6	青州市,诸城市,寿光市,安丘市,高密市,昌邑市	2	昌乐县,临朐县	49	1	67
济宁市	2	市中区,任城区	3	曲阜市,兖州市,邹城市	7	鱼台县,金乡县,嘉祥县,微山县,汶上县,泗水县,梁山县	26	39	88
泰安市	2	泰山区,岱岳区	2	新泰市,肥城市	2	宁阳县,东平县	10	15	61
威海市	1	环翠区	3	乳山市,文登市,荣成市			18	15	50
日照市	2	东港区,岚山区	2		2	五莲县,莒县	7	8	39
山东半岛	35		27		23		363	101	624
山东省	49		31		60		487	270	1111
占山东省比重(%)	71.4		87.1		38.3		74.5	37.4	56.2

表1-2 山东半岛城市群经济特征及在山东省和全国的地位（2008年）

地区	人口（万人）	土地面积（km²）	人口密度（人/km²）	人均耕地面积（亩/人）	城市化水平（%）	GDP（亿元）	经济密度（万元/km²）	三次产业结构	人均GDP（元/人）	农村居民人均收入（元/人）	地方财政收入（亿元）	科技三项费用（万元）	城镇居民恩格尔系数（%）
济南市	662.6	7998.5	828	0.816	65.08	3017.42	3772.48	5.8:44.1:50.1	45724	9219.02	186.01	1221439	0.371
青岛市	845.6	11175.3	757	0.910	55.37	4436.18	3969.63	5.1:50.8:44.1	52678	12381.26	342.47	1432654	0.377
淄博市	450.5	5965.2	755	0.690	40.87	2316.78	3883.83	3.5:64.8:31.7	51547	9011.05	114.69	85926	0.356
东营市	200.5	7923.2	253	1.646	38.36	2052.62	2590.65	3.4:76.5:20.1	102741	10194.18	70.95	511156	0.378
烟台市	701.9	13746.5	511	0.953	42.33	3434.19	2498.23	8.0:60.9:31.1	49012	9540.57	166.83	724706	0.398
潍坊市	889.5	16004.9	556	1.322	44.78	2491.81	1556.91	11.3:58.4:30.3	28106	10040.53	131.96	670739	0.314
济宁市	796.7	11194.3	712	1.131	32.15	2122.16	1895.75	12.1:55.8:32.1	26721	7971.93	119.45	321310	0.368
泰安市	545.6	7761.8	703	0.944	29.19	1513.30	1949.68	10.6:55.5:33.9	27794	7268.79	76.40	320018	0.395
威海市	280.6	5698	492	1.025	43.04	1780.35	3124.52	7.4:61.2:31.4	63519	11383.82	93.67	389841	0.358
日照市	274.1	5348	513	1.256	36.72	773.14	1445.66	10.7:54.3:35.0	28300	8916.93	36.33	76092	0.404
山东半岛	5647.6	92815.7	608	1.035	44.14	23937.95	2579.08	7.3:57.4:35.3	42386		1338.76	5753881	0.370
山东省	9417.2	157126.3	599	1.197	37.51	31072.06	1977.52	9.6:57.0:33.4	33083	8136.66	1957.05	7619475	0.381
全国	132802	9600000	138	1.375	45.68	300670	313.20	11.3:48.6:40.1	23648	4761	28644.91	47500000	0.437
占山东省（%）	59.97	59.07	101.50	86.47	117.68	77.40	130.42		128.12		68.41	75.52	97.11
占全国（%）	4.25	0.97	440.58	75.27	96.63	7.96	823.46		179.24		4.67	12.11	84.67

资料来源：《山东统计年鉴 2009》，中国统计出版社 2009 年版。

二　山东半岛城市群旅游一体化进程

（一）发展背景

半岛城市群8市加上泰安、济宁共10个城市聚集了山东省最优质的旅游资源，形成了国内外具有极高声誉的"黄金海岸"、"山水圣人"两大旅游品牌线路和目前正在努力打造的山东省第三大品牌"逍遥游"。区域内文化底蕴丰厚，涵盖了海洋文化和内陆文化，既有丰富的传统旅游产品，又有大量的现代旅游产品。10个城市旅游总收入占山东省的85%左右，是山东省的旅游重心。可以说，10个城市旅游业的发展水平决定了山东省整个旅游产业的兴衰。长期以来，特别是"十一五"期间，10个城市旅游业的发展，对于山东省实现由旅游资源大省向旅游产业大省的跨越作出了突出贡献。

在区域一体化背景下，为了整合半岛城市群旅游资源，推进区域旅游合作，提升旅游竞争力，山东省旅游局组织、编制了《山东半岛城市群旅游发展规划》，并于2004年9月在青岛召开了第一届半岛城市群旅游合作会议。会议讨论通过了《山东半岛城市群旅游合作宣言》，成立了旅游联合体，旨在打造半岛城市群无障碍旅游区，实现半岛8城市旅游"一票通"。2004年11月6日，济南、青岛、烟台、威海、淄博、潍坊、东营、日照8城市旅游局局长在青岛召开了联席会议，旨在落实旅游合作宣言，会议提出了山东半岛城市群旅游合作框架意见，以互补、互动、互利、互赢为原则，构筑半岛城市群旅游经济圈。同期，举行了2004年中国·山东（青岛）半岛城市群"8+2"（加泰安、曲阜）海外旅游推介活动，宣传推介山东旅游产品，推出了"黄金海岸旅游线"，"齐鲁文化旅游线"，"山、海、圣人旅游线"，"豪情山东旅游线"，标志着以青岛为龙头的半岛区域合作已经从旅游业开始迈出了实质性的一步。2005年10月10日，山东半岛城市群8市和泰安、济宁共10个城市达成了《山东半岛城市群（8+2）旅游合作共识》，标志着这10个城市在宣传促销、行业建设、旅游信息化等领域将开展全方位合作。2005年12月9日，第二届山东省半岛城市群所属的济南、青岛等8城市及泰安、济宁（8+2）旅游合作会议在济南召开，签订了

《山东半岛城市群（8＋2）旅游合作协议》，各城市将整合利用旅游资源，联手打造旅游品牌。此外，协议还就半岛城市群旅游业的发展建立了协调与保障机制，标志着该区域旅游合作进入了新的发展阶段。

（二）山东半岛旅游业发展现状

2008 年，山东半岛城市群 10 市共实现旅游收入 1698.2 亿元，占山东省旅游总收入的 84.7%，其中旅游外汇收入 131943.4 万美元，占山东省旅游外汇收入的 94.8%；国内旅游收入 1606.6 亿元，占山东省国内旅游收入的 84%。全年接待国际游客 2388966 人次、国内游客 18928 万人次，分别占山东省的 94%、78.7%。

表 1-3 　　　　2008 年山东半岛 10 市接待入境游客及旅游创汇

指标 地区	入境游客人数			旅游（外汇）收入		
	总量 （万人次）	占全省 份额（%）	增长 （%）	总量 （万美元）	占全省 份额（%）	增长 （%）
济南	17.02	6.71	6	8339.6	5.99	17.9
青岛	80.13	31.58	-26	50045.4	35.97	-25.9
烟台	35.21	13.88	14.5	26707.7	19.19	16.4
威海	28.83	11.36	7.8	13733.7	9.87	10.3
日照	15.16	5.97	35.1	4432.3	3.19	45.7
潍坊	13.18	5.19	77.7	7081.2	5.09	96.3
东营	1.88	0.74	64.6	1508.4	1.08	125.7
济宁	19.08	7.52	22.6	6105.4	4.39	23.6
泰安	19.02	7.5	33.3	9518.1	6.84	49.9
淄博	9.39	3.7	36.2	4471.6	3.21	166
山东半岛 10 市	238.9	94.1		131943.4	94.8	
山东	253.76	100	1.6	139148	100	2.9

资料来源：山东旅游政务网。

表1-4　　　　　　　2008年山东半岛10市国内旅游收入及接待量

指标 地区	国内收入			国内游客		
	绝对量 （亿元）	占全省 份额（%）	增长 （%）	绝对量 （万人次）	占全省 份额（%）	增长 （%）
济南	204.8	10.73	18.7	2300.3	9.57	15.6
青岛	385.5	20.20	10.1	3389.5	14.10	4.0
烟台	209.9	11.00	24.3	2346.0	9.76	17.4
威海	149.2	7.82	23.0	1586.0	6.60	16.8
潍坊	143.6	7.52	35.1	1869.3	7.77	32.2
日照	78.6	4.12	23.1	1450.8	6.03	18.3
东营	27.6	1.45	38.0	427.6	1.78	30.0
济宁	146.5	7.68	20.1	2059.2	8.56	15.8
泰安	136.9	7.17	30.6	1848.7	7.69	23
淄博	124	6.5	28.5	1650.6	6.86	24.6
山东半岛10市	1606.6	84.18		18928	78.71	
山东	1908.5	100.00	23.1	24046.6	100.00	18.2

资料来源：山东旅游政务网。

从地区分布来看，青岛的国际游客数量和外汇收入分别占山东旅游总量的31.58%和35.97%，构成山东半岛入境旅游的主体。烟台和威海紧随其后。总量上相对落后的日照、潍坊、滨州、东营4市近年来发展势头迅猛，2008年4市国际旅游人次和收入平均增速分别为69.88%和93.03%。

国内旅游方面也呈现出类似的格局。青岛处于领先地位，但是相比入境旅游，7市国内旅游发展更为均衡，各城市都保持了较高的增速，东营、滨州等后发地区增速更快。

（三）山东半岛旅游产业要素

山东省旅游资源丰富，到2008年底，山东省共有国家级资源154处，其中历史文化名城6处，重点文物保护单位97处，风景名胜区5处，自然保护区5处，国家森林公园36处，地质公园6处。山东省共有A级景区 323 处，其中 5A 级景区 3 处，国家级工农业旅游示范点 119 家，国家和省级旅游度假区 17 个。山东省内"中国优秀旅游城市"数量达到 29 个，其中有 13 个地级城市和 16 个县级市，总数居全国第一。

在接待设施方面，截至 2008 年底，山东省有星级饭店 816 家，旅行社 1797 家（其中国际旅行社 104 家），数量居全国第一。车船公司 41 家。拥有中国最大的政府旅游网站集群——山东省旅游咨询网。

在交通方面，山东省共有 9 个机场，济南、青岛、烟台为国际机场，国内外航线近 300 条，沿海港口 26 处。山东省公路通车总里程 5.7 万多千米，其中高速公路超过 3000 千米，居全国首位。铁路网络完备，通车里程 2400 千米。

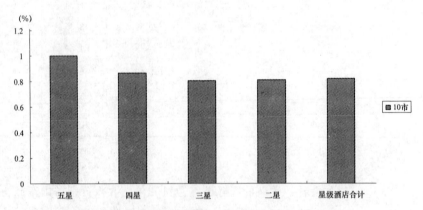

图 1-2 山东半岛旅游圈 10 市星级酒店占全省比例

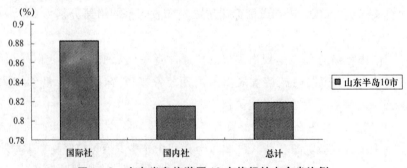

图 1-3 山东半岛旅游圈 10 市旅行社占全省比例

　　在产业要素规模上，山东半岛旅游圈10市集中了山东省的主要旅游资源（见表1-5），截至2008年底，山东半岛共有国家级资源128处，其中，历史文化名城6处（见表1-6），重点文物保护单位87处，风景名胜区5处，国家森林公园30处。山东半岛旅游圈10市共有A级景区227处（见表1-7），其中5A级景区都分布在山东半岛旅游圈。山东省半数以上的星级酒店和旅行社分布在山东半岛旅游圈10市。从等级和质量上看，山东省全部19家五星酒店都在山东半岛旅游圈10市内（见图1-2）；2008年，山东共有13家旅行社被评为"全国双百强旅行社"，其中沿海地区就占到了10家（见图1-3）。还拥有山东省唯一的国家级旅游度假区和17家省级旅游度假区。山东半岛旅游圈是山东旅游产业要素的聚集区。

表1-5　山东半岛城市旅游资源类型结构及其比较（截至2009年6月1日）

旅游城市	中国优秀旅游城市	旅游区（点）					世界遗产	风景名胜区	历史文化名城	森林公园		文物保护单位	
		5A	4A	3A	2A	1A				国家级	省级	国家级	省级
济南	2	0	8	7	7	0	0	3	1	4	8	12	64
青岛	3	0	11	24	11	2	0	4	1	3	2	10	43
烟台	5	1	9	11	17	1	0	1.5	0	2	5	10	67
威海	2	0	6	6	1	0	0	3.5	0	5	1	2	29
日照	1	0	3	5	3	0	0	1	0	2	2	6	21
潍坊	4	0	9	13	3	0	0	6	0	2	8	7	51
淄博	1	0	6	12	6	0	0	5	1	2	2	11	56
东营	0	0	1	6	5	0	0	0	0	1	1	1	7
泰安	2	1	1	4	7	0	1	2	1	5	2	10	34
济宁	3	1	4	6	5	0	1	4	2	1	2	18	92
总计	30	3	58	94	69	3	2	30	6	30	33	87	464

表 1 – 6　　　　山东半岛中国优秀旅游城市与国家级历史文化名城

(截至 2008 年 6 月 1 日)

山东半岛中国优秀旅游城市	山东半岛国家级历史文化名城
1. 副省级城市　济南市、青岛市	1. 副省级城市　济南市、青岛市
2. 地级市　烟台市、威海市、日照市、潍坊市、淄博市、泰安市、济宁市	2. 地级市　泰安市
3. 县级市　章丘市、胶南市、即墨市、文登市、乳山市、荣成市、蓬莱市、龙口市、海阳市、栖霞市、青州市、寿光市、诸城市、新泰市、曲阜市、邹城市	3. 县级市　曲阜市、邹城市、临淄市
山东省除半岛城市群外还有聊城市、临沂市、莱芜市、德州市	山东省除半岛城市群外还有聊城市
山东半岛优秀旅游城市占山东省的比例为 88.2 %	山东半岛国家级历史文化名城占山东省的比例为 85.7%

表 1 – 7　山东半岛 10 市的国家 A 级旅游区 (截至 2009 年 6 月 1 日)

地区	总量	5A	4A	3A	2A	A
济南	22		灵岩寺旅游区、跑马岭旅游区、大明湖、趵突泉、红叶谷生态文化旅游区、千佛山风景名胜区、章丘百脉泉景区、九如山瀑布群风景区	五峰山旅游区、水帘峡风景区、章丘三王峪山水风景园、九顶塔民俗欢乐园、金象山旅游景区、百里黄河风景区、济南植物园	长清齐长城旅游区、长清卧龙峪生态旅游区、章丘锦屏山旅游度假区、章丘七星台旅游度假区、平阴圣母山风景区、白云湖旅游景区、章丘莲花山胜水禅寺	

续表

地区	总量	5A	4A	3A	2A	A
青岛	48		天泰温泉高尔夫景区、青岛极地海洋世界、崂山风景名胜区、青岛海滨风景区、青岛啤酒博物馆、青岛海底世界、青岛银海国际游艇俱乐部、开发区金沙滩景区、青岛国际工艺品城、青岛市北天幕城、大珠山风景名胜区	青岛新天地、颐中VIP会所、莱西月湖公园、德式监狱博物馆、开发区野生动物世界、即墨鹤山风景区、雨林谷、百雀林生态观光园、青岛海军博物馆、青岛迎宾馆、青岛电视观光塔、海尔科技馆、琅琊台风景名胜区、田横岛旅游度假区、信号山公园、山炮台遗址、石老人观光园、城阳世纪公园、华山国际乡村俱乐部、蔬菜科技示范园、莱西湖生态休闲区、胶州三里河公园、市北特色商贸旅游区、开发区金沙滩景区	崂山二龙山生态旅游区、青岛民俗博物馆（天后宫）、青岛植物园、胶州高凤翰纪念馆、莱西崔子范美术馆、青岛市康有为故居纪念馆、即墨鹤山风景区、胶州艾山风景区、明真观、青岛百果山都市休闲风景区、即墨龙山风景区	平度现河公园、即墨灵山风景区
淄博	24		淄博聊斋旅游区、淄博原山国家森林公园、淄博中国陶瓷馆、淄博周村古商城、淄博鲁山国家森林公园、临淄古车马馆·太公生态文化旅游区	沂源九天洞景区、临淄齐国故城遗址博物馆、临淄管仲纪念馆、开元溶洞、樵岭前风景区、马踏湖风景区、梦泉生态风景区、淄博618战备电台旧址旅游区、玉黛湖生态乡村庄园、颜文姜祠、淄川梓橦山鬼洞风景区、沂源县牛郎织女景区	淄博魁圣园、桓台县博物馆、淄博姜太公祠、沂源圣佛山、沂源唐山、沂源凤凰山	

续表

地区	总量	5A	4A	3A	2A	A
东营	12		东营黄河口生态旅游区	东营天鹅湖景区、东营揽翠湖旅游度假区、东营市历史博物馆、东营民丰湖休闲娱乐区、东营广饶孙子文化旅游度假区、东营胜利油田科技展览中心	东营黄河口农业观光园、垦利渤海垦区革命纪念馆、垦利天清湖休闲观光园、广饶刘集支部旧址纪念馆、利津黄河生态公园	
烟台	39	蓬莱阁旅游区	烟台张裕酒文化博物馆、金沙滩海滨公园、蓬莱海洋极地世界、南山旅游区、养马岛旅游度假区、牟氏庄园、张裕国际葡萄酒城、三仙山·八仙过海旅游景区、烟台山景区	塔山风景区、长岛林海景区、农业科技博览园、体育公园、昆嵛山国家森林公园、长岛九丈崖旅游景区、海阳旅游度假区、融基（烟台）艾山温泉度假村、莱州大基山森林公园、罗山国家森林公园、金都招远黄金珠宝首饰城	河口蓬莱公园、河口新户白枣园、莱州云峰山风景区、长岛仙境源景区、长岛望夫礁公园、烟台崆峒岛风景区、烟台毓璜顶公园、蓬莱兴瑞庄园、海阳地雷战纪念馆、招虎山国家森林公园、海阳丛麻禅院、云顶自然旅游风景区、东炮台海滨风景区、栖霞太虚宫旅游景区、栖霞国路生态旅游区、招远魁星公园、在水一方金都温泉国家度假中心	莱州千佛阁
潍坊	29		金宝乐园、杨家埠民间艺术大观园、云门山风景区、仰天山森林公园、沂山风景区、寿光林海生态博览园、安丘青云山民俗游乐园、寿光市蔬菜高科技示范园、诸城恐龙博物馆	诸城潍河公园、老龙湾风景区、临朐石门坊风景区、潍坊风筝博物馆、潍坊安丘青云湖休闲度假乐园、昌邑绿博园、寿光生态农业观光园、昌乐中国宝石城、山东山旺国家地质公园、青州泰和山风景区、青州花卉博览园、昌邑潍水风情湿地公园、刘塘板栗园	青州范公亭公园、青州市博物馆、偶园、诸城马耳山、诸城大舜苑、安丘公冶长书院、临朐沂水谷景区	

续表

地区	总量	5A	4A	3A	2A	A
济宁	16	曲阜"三孔"旅游区	邹城市孟庙孟府旅游区、邹城市峄山风景名胜区、曲阜孔子六艺城、梁山风景区	兖州农科奇观、安山寺景区、微山湖旅游区、泗水泉林泉群自然风景区、兖州市博物馆旅游区、汶上宝相寺景区	济宁荒王陵景区、泗水龙门山、嘉祥青山旅游区、曾庙旅游区、泗水民俗游乐园	
泰安	13	泰山风景名胜区	新泰莲花山风景区	泰山蓄能休闲探险科普水城、东平湖景区、徂徕山国家森林公园、新泰和圣园景区	肥城桃源世界风景区、肥城牛山国家森林公园、泰山天庭乐园、泰安国电石横发电厂景区、泰山旅游空中观景塔景区、肥城云蒙山岱阳观风景区、神童山旅游区	
威海	13		荣成赤山风景名胜区、刘公岛风景名胜区、乳山银滩旅游度假区、荣成市成山头风景名胜区、大乳山休闲旅游度假区、天沐温泉度假区	定远舰景区、乳山岠嵎山风景区、威海仙姑顶旅游区、槎山风景名胜区、青龙生态旅游度假村、荣成圣水观风景区	荣成花斑彩石风景区	
日照	11		五莲山旅游风景区、海滨国家森林公园、万平口海滨旅游区	莒县浮来山景区、日照蹬山寨景区、日照竹洞天风景区、莲花山风景区、吕祖泉旅游区	五莲大青山风景区、奥林匹克水上公园、御海湾生态观光茶园	

三 山东半岛城市旅游群：中国非常重要的城市旅游联合发展区域

改革开放以来，中国区域经济一体化发展趋势日趋明显，随之崛起了一批城市群区域。其中，尤以80年代发展起来的珠三角地区和90年代以浦东开放为契机崛起的长三角地区最为突出。

（一）长三角和珠三角发展概况

长三角经济圈是从上海经济区发展到以上海为中心的中国规模最大、实力最强、城市联系紧密度最高的城市群。长江三角洲地区以上海为中心，南京、杭州、苏州、无锡、宁波为副中心，包括江苏、浙江、上海两省一市，以上海市、南京市、杭州市、宁波市、苏州市、无锡市、常州市、镇江市、扬州市、泰州市、南通市、嘉兴市、湖州市、绍兴市、舟山市、台州市 16 个城市为核心。2013 年 4 月，安徽省的合肥、马鞍山、芜湖、淮南、滁州，江苏省的徐州、连云港、宿迁以及浙江省的丽水、温州正式成为长三角"新成员"。这样，以上海为中心的长三角经济圈不断向周边扩散，其辐射能力不仅仅局限于浙江、江苏，现在已经扩大到江西、安徽等地区，影响了整个长江流域。长三角经济圈经济的繁荣带动了发达的旅游业。该区位置优越，具有完善的城市基础设施、方便快捷的交通系统，海派文化、江苏文化、浙江文化等文化旅游资源丰富，上海的都市游、江苏的园林游以及浙江的山水游实现了有效的资源互补，现已形成了长三角"金字塔"形旅游中心城市群。卞显红 2008 年把长江三角洲旅游城市群设计为"一核五城七带"的旅游业发展空间格局。以上海为核心，打造长三角地区旅游集散枢纽。5 个空间集群分别为上海核心空间旅游集群、宁镇扬泰空间集群、湖嘉杭绍旅游集群、环太湖旅游集群、甬绍舟杭州旅游集群。2004 年，长三角以全国 1.03% 的土地、5.89% 的人口，创造了 20.16% 的国内生产总值，旅游收入占全国旅游收入的 54.6%。在未来 10 年内，将成为中国旅游区域经济发展的重要增长极和亚太地区经济发达地带。

珠三角经济区包括广州、深圳、东莞、佛山、中山、珠海、江门以及惠州和肇庆的部分地方，是改革开放后中国最具经济活力的地区，由一个以农业为主的地区转变成了一个重要的国际制造业平台，国内生产总值由 1980 年仅逾 80 亿美元，增长至 2005 年的 2227.2 亿美元。与此同时，珠三角经济区在大力发展社会经济的过程中成功塑造了其旅游形象，推动了旅游业的发展。如深圳、珠海自 1980 年设立为经济特区以来，在短短的几十年内，均由一个小渔镇发展成了设施先进、生态环境良好、交通便捷、经济繁荣的海滨旅游城市。2005 年，珠三角旅游业实现旅游总收入 1879.6 亿元，其中，仅广州、深圳、珠海 3 市的旅游总收入就达到 1160.7 亿元，占该区旅游总收入的 74.1%，"十一五"期间，广东省综合实力位居全国前列，旅游总收入约占全国 1/4，旅游外汇收入约占全国 1/5，口岸入境游客人数约占全国 4/5。广东国内旅游人数年均增长 13.18%，旅游总收入年均增长 15.11%，旅游消费能力不断增强。2012 年，珠三角旅游业实现旅游总收入 4388.59 亿元，其中，仅广州、深圳、珠海 3 市的旅游总收入就达到 2986.89 亿元，占该区旅游总收入的 68%，珠三角旅游业旅游外汇收入 1498663.12 万美元，广州、深圳、珠海 3 市的旅游外汇收入就达到 1042384.51 万美元，占珠三角旅游业旅游外汇收入的 69.55%，佛山与东莞旅游外汇收入超过珠海，分别为 120983.51 万美元和 126924.47 万美元。5 市外汇旅游收入占珠三角旅游业旅游外汇收入的 75.26%，由此也可看出，珠三角地区在旅游经济总体发展水平不断提升的同时，也存在着明显的地域不平衡性，具有一定的等级层次性。

（二）旅游业发展规模比较分析

从旅游业发展规模上看，山东半岛城市群旅游业与长三角、珠三角地区相比存在较大差距。"十五"末，山东半岛城市群旅游总收入为748.4 亿元，而同期长三角与珠三角地区分别为 4366.9 亿元与 1566.4亿元。"十五"期间，虽然山东半岛城市群旅游总收入占全国的比重一直呈现增长趋势，但到"十五"末，这一比重才接近 10%，而长三角地区以占全国 1% 的土地创造了占全国近 50% 的旅游总收入，且到2005 年，这一比重达到了 56.8%，珠三角地区虽然不及长三角，但也远远优于山东半岛城市群地区，占全国旅游总收入的比重超过 20%。2011 年，山东半岛旅游城市群旅游业总收入达到 3111.2 亿元人民币，旅游外汇收入达 23.9 亿美元，国内游客 3.24 亿人次，国内旅游收入达2958.5 亿元人民币。2011 年，上海旅游业总收入达到 3231.15 亿元人民币，旅游外汇收入达 58.35 亿美元，国内游客 2.31 亿人次，国内旅游收入达 2786.54 亿元人民币。山东半岛旅游城市群旅游总收入与上海市持平，旅游外汇收入为上海旅游外汇收入的 41%，2011 年，珠三角旅游城市群旅游业总收入达到 4388.59 亿元人民币，旅游外汇收入达946.70 亿美元，国内旅游收入达 3441.89 亿元人民币。山东半岛旅游城市群旅游总收入为珠三角旅游总收入的 70%，旅游外汇收入为珠三

角旅游外汇收入的 2.5%，由此可以看出，山东半岛城市群旅游业发展
与长三角、珠三角地区相比差距很大。

（三）旅游业发展速度比较分析

从前面对各地区旅游业发展规模的比较分析可知，山东半岛城市群
与长三角、珠三角地区之间旅游业发展的差距很大，各个地区旅游发展
速度，与各个地区经济的快速发展是分不开的。

2010 年 5 月，中华人民共和国国务院正式批准《长江三角洲地区
区域规划》，将长三角发展定位为"亚太地区重要的国际门户、全球重
要的现代服务业和先进制造业中心、具有较强竞争力的世界城市群"。
据此可以预测，长三角旅游发展前景广阔。一是长三角经济发达。到
2015 年，率先实现全面建设小康社会的目标，人均地区生产总值达到
8.2 万元（核心区 10 万元），服务业比重达到 48%（核心区 50%）；
2020 年，力争率先基本实现现代化，人均地区生产总值达到 11 万元
（核心区 13 万元），服务业比重达到 53%（核心区 55%）。经济联动效
应带动人员频繁的人员流动，根据长三角地区经济联动效应预测，到
2020 年，长三角地区总客流量将达到 55 亿人次。二是长三角城镇化水
平高。上海、南京、苏州、无锡、杭州、宁波等特大城市在区域乃至全
国占有重要地位，区域内城镇密集，一批各具特色的城市具有很强的发
展活力。目前，核心区城镇化水平超过 60%，2015 年，城镇化水平达
到 67%（核心区 70% 左右），2020 年，城镇化水平达到 72%（核心区
75% 左右），具备了跻身世界级城市群的基础。三是长三角交通发达。
四通八达的交通为旅游空间转移带来便利。尤其是宁波跨海大桥与宁波
二桥的建设，能够缩短宁波与杭州和上海区域的距离；崇启跨海大桥贯
通后，上海国际航运中心的重要港口与江苏省沿海城市港口建设将会使
江苏沿海战略环境发生重要变化。从陆路上看，第二条亚欧大陆桥是唯
一的一条从亚洲到欧洲的水陆联动的区域生命线，从连云港、阿拉山口
到欧洲，在国内大概途径 11 个省市，在国外途径 31 个国家，将近
10900 公里。这条线不仅带动中国东部、中部和西部的经济联动发展，
更解决了西部游客到长三角的空间转移问题，增强了西部对长三角的旅
游吸引力。四是新的旅游吸引物不断增加。例如，2015 年，上海迪斯
尼乐园的开业，必将会成为长三角新的旅游增长点。据初步估算，迪士

尼主题乐园项目将带动上海旅游产业总收入年均 140 亿—180 亿元的增量，拉动旅游业增加值大约每年 100 亿—150 亿元的增量，迪士尼开园将撬动 1000 亿消费增量。到 2015 年，上海旅游业总收入将达到 5200 亿元，国内旅游人数达 2.4 亿人次，旅游就业 30 万人，旅游消费相当于居民消费总量的 10%，旅游业增加值占全市 GDP 的比重将提高到 8.5%；到 2015 年，浙江旅游业总收入将达到 6000 亿元，旅游业增加值占全市 GDP 的比重将提高到 6%，旅游经济总量位居全国三强之列。从以上资料可以清晰地推测长三角旅游发展的潜力巨大。

珠三角旅游发展前景也不容小觑。一是旅游定位准确。2020 年，珠三角旅游产业发展的目标定位是：建设全国旅游综合改革示范区，建成亚太地区具有重要影响力的国际旅游目的地和游客集散地。珠三角旅游业一方面辐射大珠、泛珠、全国；另一方面，面向港澳、东盟、欧美，珠三角联系内外的"重要国际门户"地位未来将进一步凸显。一方面，以推动广佛肇、深莞惠和珠中江旅游圈一体化为重点，推进三大经济圈旅游一体化先行，强化广佛肇、深莞惠、珠中江三大经济圈旅游产业的优势互补与合理布局，实现各旅游圈内部及相互之间的旅游共建共享。另一方面，加强与港澳、东盟的合作。进一步落实《内地与香港关于建立更紧密经贸关系的安排》（CEPA），深化粤港澳旅游合作，积极先行先试，探索旅游体制机制创新。二是经济发达。2012 年，率先建成全面小康社会，人均地区生产总值达到 8 万元，服务业增加值比重达到 53%，到 2020 年，率先基本实现现代化，基本建立完善的社会主义市场经济体制，形成粤港澳三地分工合作、优势互补、全球最具核心竞争力的大都市圈。人均地区生产总值达到 13.5 万元，服务业增加值比重达到 60%。三是争取国家支持，努力推进全国旅游综合改革示范区建设。率先试行国民旅游计划，大力发展休闲旅游；完善粤港、粤澳行政首长联席会议机制，增强联席会议推动合作的实际效用，积极开展与港澳海关合作，进一步推进在粤内地居民赴港澳个人旅游活动，优化"144 小时便利签证"措施；鼓励与东盟开展旅游合作，建立旅游便利签证合作机制。2020 年，珠三角旅游总收入将达到 7600 亿元左右，旅游创汇达到 180 亿美元左右，旅游业增加值占全省服务业增加值的 10% 以上。四是建设四通八达的交通。开通广深港客运专线，尽快开工建设港珠澳大桥、深圳东部过境高速公路以及与香港西部通道相衔接的高速公路等基础设施，积极推进深港空港合作等项目。特别是 2016 年港珠澳大桥落成后，香港至澳门及珠海两地的陆路距离将缩至 30 千米，行车时间不超过半小时。港珠澳大桥直接联系的三个城市将形成珠海—香港—澳门的"1 小时"时空圈。据引资距离弹性测算，珠三角城市与香港的距离每减少 1%，制造业、服务业中外资投入金额分别增加 0.12%—0.17%。据初步估算，大桥的开通将为西岸各城市增加 600 亿—1000 亿元人民币的 GDP。五是新的旅游增长点不断涌现。2014 年元旦通过的大广海湾经济区将作为港珠澳大桥时代的先锋者，大广海湾经济区建设成为广东省海洋经济发展的新引擎、珠三角实现大跨越发展的新增长极、珠三角辐射粤西及大西南的枢纽型节点、珠江西岸粤港澳合作的重大平台，将探索粤港澳合作新模式，并加强与粤西及大西南地区、欧美等国际地区的合作。大广海湾经济区将着力开发多元化的旅游主题区，建立与港澳地区联动发展的"一程多站"旅游线路。珠海横琴与香港和澳门一起打造世界级的国际旅游黄金三角，形成一个具有全球竞争力和吸引力的、粤港澳共赢的国际旅游目的地。尤其是拟建设的横琴免税区，将把香港购物天堂的成功经验和优势延伸至横琴，使横琴成为一个覆盖全境的免税地区。旅游业作为关联性很强的"动力型产业"，其外溢效应大，产业链长，带动作用显著，加上珠三角具有与生俱来的创造性、开拓性，以及明显的区位优势、市场优势、机制优势及多样化的资源、产品优势，为珠三角旅游产业一体化创造了有利的条件。

山东半岛旅游城市群旅游发展潜力极大。一是经济发达。在全球范围内，山东半岛城市群是以东北亚区域性国际城市青岛为龙头，带动外向型城市功能整体发展的城市密集区域，是全球城市体系和全球产品生产服务供应链的重要一环。在次区域经济合作圈内，山东半岛城市群是环黄海地区区域经济合作的制造业生产服务中心，构筑由山东半岛、韩国西南海岸地区、日本九州地区组成的跨国城市走廊，推动"鲁日韩黄海地区成长三角"的形成。山东省 2010 年地区生产总值达到 39416.2 亿元，"十一五"期间年均增长 13.1%，人均地区生产总值突破 6000 美元。2013 年，山东地区生产总值达到 54684.3 亿元，人均地区生产总值 9117.04 美元，山东半岛旅游城市群生产总值为 40629.09

亿元，占山东省的 74.3%，人均 GDP 超过 1 万美元的城市有东营、威海、青岛、烟台、淄博和济南。2015 年，山东地区生产总值将达到 6 万亿元。2020 年，山东半岛蓝色经济区人均生产总值将达到 13 万元左右。这从经济发展程度上进一步说明了山东半岛城市群旅游业发展具有丰厚的物质基础，经济的增长必将助推旅游业的发展。二是旅游是新的增长契机。国家深化国际合作、开拓国际合作新空间、新领域、对外开放新优势的重大战略决策是构建 "21 世纪海上丝绸之路" "一带一路" 战略。到 2025 年，亚太经济合作组织国家之间国际旅游人数超过 8 亿人次。各经济体的旅游部门很可能会对跨境旅游提供签证通关等便利措施，如中美双方将为前往对方国家从事商务、旅游活动的另一方公民颁发有效期最长为 10 年的多次入境签证，为从事留学活动的公民颁发有效期最长为 5 年的多次入境签证；首尔可能会成为第二个对普通中国人免签的韩国城市；青岛作为 "一带一路" 国家战略中的重要枢纽城市会率先被定位为东北亚区域旅游目的地。2014 年 11 月 10 日公布的《中韩自由贸易协定》规定，中韩为 "利益大体平衡、全面、高水平" 的自贸区，在开放水平方面，货物贸易自由化比例均超过 "税目90%、贸易额85%"。协定范围涵盖货物贸易、服务贸易、投资和规则共 17 个领域，包含了电子商务、竞争政策、政府采购、环境等 "21 世纪经贸议题"。中韩自贸区一旦建成，预计中国的 GDP 将增长 1%—2%，韩国将增长 2%—3%，届时，中韩有望形成一个人口 13.5 亿、GDP 高达 11 万亿美元的共同市场。山东省积极强化通道建设，将加强人员互联互通，努力以顺畅的交通通道带动中韩、中日经济与贸易发展。尤其是第九个国家级新区青西新区成立后，中韩自贸区已经提前进行先行先试。中韩自贸区建成后，贸易壁垒的消除，将有利于扩大中国对韩国产品的进口，提升向韩国出口产品的质量。在开展双向贸易方面，青岛有着很大的合作空间，鼓励企业 "引进来" 和 "走出去"，推动建立更合理的国际分工体系。继 2010 年 12 月山东与韩国开通威海—仁川通道后，在三年多的时间里，山东省已相继开通威海、青岛、日照、龙眼、石岛 5 条通道，2014 年开通了烟台至韩国平泽的通道，中韩陆海联运汽车货物运输呈现出良好的发展态势。截至 2014 年 3 月底，中韩实现贸易额 33816.52 万美元。山东半岛 "十二五" 规划建设的威海—仁川多功能轮渡将缩短山东与韩国的空间转移时间，适时开通中日陆海联运通道，以促进山东半岛国际旅游业的发展。

由以上资料分析，长三角旅游区、珠三角旅游区和山东半岛城市群的旅游业发展速度在未来仍然会呈现增长趋势，山东半岛城市群旅游业要想缩小与长三角和珠三角的差距，就必须具有新的旅游增长点。

第二节　研究方法和思路

一　研究方法

（一）研究文献资料的搜集

本书研究主要借助了近十年来国家统计局、国家旅游局、山东省统计局、山东省旅游局等政府相关部门编撰的多种统计年鉴、旅游年鉴、旅游统计年鉴、旅游抽样调查资料等。同时结合本书研究的需要，深入主要旅游城市与旅游景区，进行调研，获取第一手资料；利用互联网进行网上资料查询，通过多种学术期刊网查阅与本书研究相关的国内外研究文献，并通过网络查阅主要旅游城市的旅游网站与统计网站、国家相关部委网站，进行资料搜集。

（二）空间分析方法与结构主义方法论

本书涉及山东半岛城市旅游发展的时间与空间两个尺度，主要基于时间尺度与空间尺度上的城市旅游发展规律进行提炼，总结山东半岛城市旅游空间发展特征与空间结构，进而对山东半岛城市旅游空间结构的形成机制进行研究。山东半岛城市旅游空间分析基于各类旅游要素（旅游城市、旅游饭店、旅游区、旅游交通等）的位置和形态特征的空间数据。

本书研究涉及山东半岛城市旅游空间结构及其形成机制分析。山东半岛各类城市旅游要素的空间位置与分布形态是表层旅游空间结构，这种旅游空间结构是通过经验认识到的旅游地理空间结构的表象。要深入研究这种旅游空间结构表象，就必须建立旅游空间结构理论，通过理论进一步认识、揭示与分析这种旅游空间结构的特征与规律及其形成机制。只有通过建立旅游空间结构理论，并结合山东半岛城市旅游空间结

构的表象才能对山东半岛城市旅游空间结构的形成机制进行研究。本书
构建了旅游空间结构的理论体系，并结合山东半岛城市旅游空间结构的
表象，对其空间结构及其形成机制进行理论的解释与分析。

（三）模型法

所谓模型法是指对事物内在机制及其外部关系高度凝练、直观的抽
象和概括。通过总结必要的城市旅游空间结构模型，可以使问题阐释得
更为清晰，并便于理论成果的演绎运用。本书注重以模型构建来阐述城
市旅游空间结构的形成机制。

（四）实证研究法

本书不仅注重从理论上阐述旅游空间结构及其形成机制，而且以山
东半岛为例进行了大量的实证研究，验证城市旅游空间结构形成机制研
究理论成果的应用价值与操作方式，为具体区域的旅游发展提供指导性
的建议。

（五）动态与静态相结合

山东半岛城市旅游空间结构的形成是动态演进的过程，因此，理论
研究不仅注重静态分析，而且结合动态分析，采用静态与动态相结合的
方法进行研究。

二　技术路线

本书的研究技术路线如图 1-4 所示。

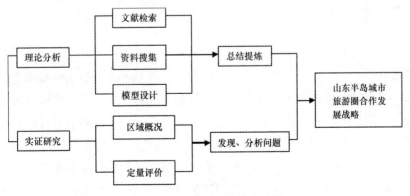

图 1-4　本书研究的技术路线

第二章　山东半岛城市旅游空间结构

第一节　城市旅游空间结构要素解析

一　城市旅游空间结构要素的判别

按照景观生态学的观点，空间结构要素被描述成具有生态经济意义的嵌块体、基质和廊道。旅游空间结构也可以被描述成旅游嵌块体、旅游基质与旅游廊道。旅游嵌块体是城市旅游空间比例尺上所能见到的最小均质单元，在质量与属性上具有同一性，通常指旅游节点。旅游基质是城市旅游空间结构中分布较广、具有高度连接性的嵌块体，通常指旅游区。旅游廊道是呈带状或线状分布的嵌块体，最典型的是旅游带。城市旅游空间结构是由旅游空间结构要素的数量、类型与形状所决定的。按照空间经济学的观点，空间是人类进行社会经济活动的场所。借鉴空间经济学的理论成果，本节把城市旅游空间经济结构要素具体分为以下几种类型。

(一) 城市旅游节点

一定区域范围城市旅游经济活动内聚力极化而形成的中心被称为城市旅游节点。城市旅游节点由两大相互联系的基本成分组成：城市旅游吸引物聚集体及城市旅游服务设施。旅游吸引物聚集体包含旅游者游览或打算游览的任何设施和资源，它包括一个或多个个体吸引物及能产生吸引力的景观和物体等。旅游吸引物聚集体由三种相互联系的成分组成：核心吸引物；旅游者；旅游形象标识物。根据旅游吸引物聚集体吸引力的重要程度差别，旅游吸引物聚集体在空间上呈等级结构。旅游地形象标识物是关于旅游聚集体的任何信息载体，这种信息也许是为了目的地促销，也许是为了方便旅游者的旅游活动。旅游者去旅游目的地旅游或在旅游目的地旅游都要受旅游形象标识物的影响甚至操纵。旅游形象标识物的功能有诱发旅游者的旅游动机；帮助旅游者进行目的地决策；旅游者旅游线路的安排；旅游活动的选择；核心旅游吸引物聚集体的辨别及旅游购物等。旅游节点的服务设施成分包含一系列旅游服务设施，如住宿业、各式餐馆、零售商店或其他任何以旅游者为主要服务目的的服务设施等。这些是旅游目的地空间的主要成分，对区域经济的价值有重要作用，但它们不是目的地吸引力的要素。然而，近年来，旅游发展的实践表明，服务设施和吸引物聚集体之间的关系正慢慢变得模糊，兼有度假、娱乐、休闲、观光功能的各式度假村，生态旅游地有住宿功能的生态小木屋、各种游乐场等，其自身既是服务设施，又成了吸引物聚集体。旅游节点之间由路径相连接。路径既代表公路、铁路、航道等交通线，又代表各节点交通线大致的长度及客源的流向，一级客源地流向二级的路径为主路径；二级客源地流向三级的为次要路径。

（二）城市旅游区与城市旅游目的地区域

卞显红把受城市旅游经济中心吸引和辐射影响的城市旅游经济腹地或域面分为城市旅游区与城市旅游目的地区域。任一城市旅游目的地区域都由一些不同旅游主题的旅游节点城市或一定城市的旅游范围组成。如果某个范围内有一特定风格的旅游重点，那么，这个范围就被称为城市旅游区。城市旅游区由一个或多个相似的城市旅游节点组成，城市旅游区的存在使城市旅游目的地区域有可能满足不同类型的旅游者的多样性旅游需求与旅游期望。城市旅游目的地区域是指旅游者为了度过美好的闲暇时间所选择参观游览至少过夜一次的具有独特风情和风貌的特定城市旅游区域，这个特定的城市旅游区域有可能由一座旅游城市构成，也有可能由旅游主题或氛围相似的一组旅游城市构成。旅游者可以去这个特定的城市旅游区域内的不同旅游城市并在其中至少过夜一次。城市旅游目的地区域及其边界的界定与旅游方式和旅游特征紧密相连，城市旅游目的地区域或大或小，也许会相互重叠。在一个城市旅游目的地区域里的旅游城市以不同的规模存在并与行政边界密切相关。

如果能从空间角度把一城市旅游目的地区域内的各旅游区很好地规划布局，使这些旅游区能加强地域合作而共生共存，那么这一城市旅游目的地区域就能产生比各旅游区吸引力的简单相加更强大的旅游吸引力。

（三）城市旅游循环路线、城市旅游目的地区域出（入）口通道、城市旅游网络等

旅游循环路线是指旅游者在旅游目的地的各吸引物聚集体和服务设施之间的流动轨迹。城市旅游目的地旅游路线的设计应根据旅游者的旅游动机和切身利益来设计，但还受其他一些因素的影响。比如，各城市旅游节点之间的直接通达性、潜在路线的景观质量、旅游者使用的交通工具及城市旅游形象标识物的定位等都会影响城市区域旅游路线的规划与设计。城市旅游目的地区域内并非所有的旅游节点之间都能直接通达，也并非所有的旅游者在返程时都会选择同一路线，因此，城市旅游目的地区域的路线设计应是循环路线设计。出（入）口通道是旅游者进入旅游目的地区域的大门或到达地点。它们或会沿着一条路线集中分布，或是在旅游者由一个旅游目的地进入另一个目的地区域的渐进过渡点上，虽然有时并未标明，但对旅游者有着重要的生理和心理影响。城市出（入）口通道预示着旅游者进入该旅游目的地区域，也同时表明这一旅程的结束，它可以给出这一目的地区域的全景俯览，也可以帮助旅游者定位，因此，在城市旅游目的地空间规划布局中必须对城市区域出（入）口通道予以认真关注和考虑。城市旅游目的地区域的出（入）口通道应是多重的，要根据客源地、旅游者特征、季节条件及交通工具的选择等因素来规划布局，要充分考虑每个出（入）口通道的位置，要设计出最合适、也最具有吸引力的出（入）口告示。

（四）旅游流，包括旅游者流、旅游物流和旅游信息流

严格来说，旅游流既包括游客流，也包括客源地与目的地之间交流的信息流、物质流以及旅游者和开发者承担的各种资金流。旅游流的空间结构如图2-1所示。管理游客流量的方法主要有：空间措施（空间规划布局、有助于游客分散或聚集的政策）；时间管理（主要通过激励措施来把游客量广泛分布于全天、全月或全年的每一时间段）；进入限制（主要通过全部或部分开放设施、价格策略的运用、实行预约制度及控制基础设施容量等措施来实现）；提供信息与提升旅游者认知度（如通过新闻媒体发布客情公告、建立旅游地信息绿色通道等措施来实

现游客量管理）。

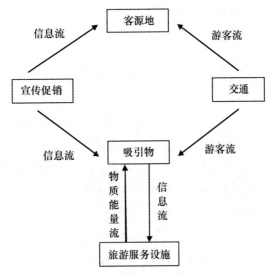

图 2 - 1 旅游流的空间结构

　　区域内旅游地之间的空间作用关系分为与周边城市旅游地的关系和外围城市旅游地的关系。以城市为空间相互作用中心的中国区域旅游模式，可分为水平流动和垂直流动，游客从某一城市到目的地城市的水平流动是中国游客空间较长距离流动的主要特征之一。城市居民到郊区进行游憩（旅游）活动的空间（即垂直旅游流动空间）表现为在空间上逐步形成游憩活动的连续带，使得城市（尤其是大城市）周边地区成为出游活动的频发地带。这种模式反映了以城市为中心的区域旅游行为空间模式，对中国城市周边地区的旅游开发具有指导意义，中国学者提出的"大城市环城游憩带"即是今后大城市周边地区（郊区）旅游开发的主要方向。

　　（五）城市旅游空间等级—规模体系

　　依据城市旅游资源质量、旅游收入、接待游客量等反映的城市旅游业发展程度、旅游中心职能强度、城市旅游经济与接待规模等指标，城市旅游空间可分为不同的等级与规模。不同等级与规模的旅游城市在地域旅游空间中形成一定的空间等级—规模体系。

二　城市旅游空间结构要素解析

借用纯几何学或拓扑学的研究方法，城市旅游空间结构要素可抽象为具有某种内涵和意义的符号及其他表现形式，如点、线、面和多维向量集合等。

（一）城市旅游空间结构区位几何要素

1. 旅游点状模式与旅游点要素分析

当旅游节点的大小与其存在的空间相比可不予考虑时，即可抽象为旅游点。在城市旅游空间结构分析中，旅游景区（点）、旅游饭店、旅行社，甚至一座旅游城镇，在旅游地图上可用一个点来描述，虽然实际上它们占据了一定的空间。城市旅游节点要素是城市旅游空间结构区位几何要素中的最基本形式，是组成"线"和"面"的基础，也是旅游空间结构分析和区域旅游规划工作中的研究重点。

城市旅游节点具有以下特征：（1）有明确的位置特征。"旅游节点"的位置通过各旅游节点之间的方位、距离及其在网络中的相互关系来说明。（2）"旅游节点"本身可以度量长短，也有面积大小和形状的特征。本书研究的一个旅游城市在山东半岛整体旅游图中是一节点，但在一个城市的旅游节点空间分布中，它又是一个面。（3）众多的"旅游节点"集聚形成"旅游空间"，即组成"旅游区域"。（4）"旅游节点"内由更小单元组成，点空间内部又有旅游结构与旅游功能分区等特征。（5）"旅游节点"有用以描述其特征的不同的数量、质量和个性。（6）"旅游节点"与"旅游区"具有相对的意义。小尺度的旅游区域在大尺度上来看是一个"旅游节点"，相对于更小尺度的地域，"旅游节点"又可以看作旅游区域。

旅游节点要素，一般是旅游空间经济活动最密集、最活跃的单位，是旅游经济活动的空间"聚集点"或"制高点"。节点以旅游区（点）、旅游城镇或旅游区域为载体，反映在旅游地图上，则为点状模式。旅游节点以其自身的功能在周围各个方向构成一个旅游空间吸引域，即旅游节点区域。

旅游节点规模有大有小，高层次的旅游节点可能是一个大城市或特大城市。旅游节点的规模和等级不同，则层次级别不同，其主要旅游功能就有差异。在城市旅游空间经济活动中，虽然各级旅游节点在旅游空间结构中所起的作用不一样，但也有一些功能是各级旅游节点所共有的，主要包括：（1）它们是一片或大或小区域的旅游组织与管理中心、旅游信息中心；（2）它们是区域旅游交通中心、旅游客源集散中心、旅游物流中心；（3）它们是区域旅游设施集聚中心、旅游服务中心；（4）它们是区域科学文化教育与其他多种服务行业集中区；（5）它们是区域旅游吸引物聚集体最为集聚的中心。

　　旅游节点要素在客观上存在着运动变化的特点。其空间表现可分为以下三个方面：（1）当旅游节点的成长发育所引致的极化与扩散效应不断增强时，旅游节点的影响半径不断扩大，节点内外的旅游要素流的强度和频率也随之不断加大；（2）当旅游节点处于衰落状态时，其旅游经济势能减少，影响范围收缩，节点内外的旅游要素流的强度和频率也随之减弱；（3）如果旅游节点继续衰落，其旅游要素将被新的旅游节点吸引而外流，并可能出现旅游节点的替代现象，即空间位移。

　　当旅游节点处于初期成长阶段或较低规模层次时，其成长发育更多地依赖当地的社会经济环境。当节点处于成熟期或达到较高规模层次时，其运行状况主要取决于旅游节点要素之间的空间相互作用。旅游节点之间的空间相互作用关系有以下五种类型：（1）从属关系，体现为低级旅游节点对高级旅游节点在旅游客源市场、旅游基础设施等方面的隶属关系；（2）互补关系，如某旅游节点是滨水类自然旅游景区，而另一旅游节点是山地类自然旅游景区，两者之间存在着互通有无的可能性；（3）依附关系，如某旅游节点位于某大型风景名胜区附近，该旅游节点的发展依附于该风景名胜区；（4）松散关系，如同处于某一大型湖泊沿岸，但处于沿岸不同城市的旅游功能、地位相差较大的旅游节点之间，根据利益和旅游经济职能的需要呈现或即或离的关系；（5）排斥关系，表现为旅游功能、地位相近的不同旅游节点之间为了争夺相近的细分客源市场及其他旅游要素而发生的某种利益冲突。

　　在城市旅游发展的不同阶段，旅游节点和吸引物聚集体的空间成长过程大致是：在城市旅游发展的开发与参与阶段，城市旅游吸引物聚集体基本上是天生的自然及历史遗留的吸引物聚集体；在发展与成熟阶段，不断有人工的旅游吸引物聚集体加入；在城市旅游生命周期的停滞阶段，人工的旅游吸引物聚集体开始在数量上超过自然的和历史文化脉络所遗存的吸引物聚集体。旅游节点的服务设施成分的空间成长过程如表 2 - 1 所示。

表 2 - 1　　　　　旅游节点的服务设施成分的空间成长过程

城市旅游发展阶段	旅游节点的服务设施成分的空间成长
发现阶段	几乎没有旅游服务设施，旅游的先头部队在很大程度上依靠城市居民的生活服务设施
参与阶段	随着日益增加的旅游者的到来，城市居民及当地政府开始提供一些服务设施，这些服务设施只有一部分是专为旅游者服务的，很多并非具备旅游服务功能
发展阶段	原来那些简陋的、低级的当地城市服务设施开始为高级的、符合时代潮流的城市旅游专业化服务设施所代替，旅游服务设施的建设速度远大于旅游者的增加速度，但当地的一部分辅助服务设施仍然支撑着日益增加的旅游者需求
成熟阶段	城市旅游设施开始显得过剩，成长速度明显放慢，原来的一些老设施开始衰退并失去往昔的魅力
停滞阶段	城市旅游服务设施不得不依靠老客户和会议、度假、商务市场，旅游设施的成长也停滞了
衰退阶段	城市旅游服务设施经营者的业绩开始大幅度滑坡，有的经营者开始破产，新的旅游商业设施开发脚步明显放慢

2. 线状模式与线要素分析

当旅游要素分布的横向宽度与纵长相比可以不予考虑时，即可抽象为旅游线路。在区域旅游空间结构中，不同空间区位的旅游吸引物聚集体或旅游设施沿着旅游交通线路，湖泊、大江、大河、海洋等岸线，自然地理特征线（如河流线、海岸线）等形成旅游带。由旅游城镇所组成的线是区域旅游空间结构中一种重要的线，在区域旅游发展中具有特殊的意义，因而往往被称为旅游发展轴线。旅游发展轴线可以根据旅游组成要素的数量、密度、质量及重要性等分成不同的等级。同类但不同等级的线之间往往在功能上是互补的，它们相互连接，相互补充，共同完成旅游经济活动。旅游线路是城市旅游空间结构中线状要素的重要表现形式。旅游线路是指在一定地域空间，旅游部门针对旅游目标市场，凭借旅游资源及旅游服务，遵循一定的原则，专为旅游者进行旅游活动而设计的，并用交通线把若干旅游地合理地贯穿起来的路线。旅游线路是发展和组织现代旅游业的必要条件，是联系旅游者和旅游对象、客源地和目的地的重要环节。一个地区旅游线路的开发水平、完善程度及销售成功与否，最终会影响该地区旅游开发的成败。一个城市旅游区域内的若干旅游景点处在不同的空间位置，对这些景点游览或活动参与的先后顺序安排与连接方式，可以有多种不同的串联方式，由此组合形成不同的旅游线路。

3．面状模式与城市要素分析

区域旅游空间结构中的域面是指由区域内旅游经济活动在地理空间上所表现出来的面状分布状态。如果旅游经济活动在一定地理空间范围内呈较密集的连续分布，则可看作旅游域面。

城市旅游区是旅游节点与旅游线要素赖以存在的空间基础，具有确定的空间范围。城市旅游区是"旅游节点"的集合体，并相对于旅游节点而存在，是旅游节点影响和辐射所及的地域范围。城市旅游区的发展水平主要受旅游节点与旅游网络要素的发展水平制约，旅游区的旅游功能也受旅游节点的影响，并与之相配合。旅游区是旅游节点形成与发展的基础，是旅游经济活动的场所。旅游区的空间范围及其内部要素的集聚程度等都随着它们与旅游节点相互作用和影响的状态而变化。

4．点、线、面三要素——城市旅游空间结构中的不可缺一性

旅游节点、旅游线路、旅游带、旅游区域等城市旅游空间区位要素，不仅具有方位、距离和范围等方面的几何规定性，而且在空间结构中具有不可缺一性。旅游经济活动必须以一定的空间物质要素为载体，即离不开旅游节点、旅游线路、旅游带、旅游区域等城市旅游空间区位要素。旅游点、线、面三大要素相互依存和相互作用，维系着城市旅游空间作为一个整体的存在和发展。正是这三大要素的不可缺一性，使之成为城市旅游空间结构的基本要素。城市旅游空间经济的发展和空间结构的变化，只能是改变旅游点、线、面区位要素的空间形态，提高它们的作用强度和空间效应，而决不会改变它们的客观存在。

表 2 - 2　　　　　　　　城市旅游空间结构要素的组合模式

城市旅游区位要素及其组合	城市旅游空间子系统	城市旅游空间组合类型
旅游节点—旅游节点	旅游节点系统	旅游吸引物系统、旅游企业系统、旅游中心地系统
旅游节点—旅游线	旅游经济枢纽系统	旅游交通枢纽、旅游（游客）集散地
旅游节点—旅游面	旅游节点—城镇—区域系统	旅游聚集区、城市旅游区
旅游线—旅游线	旅游网络系统	旅游线路网络、旅游交通网络、旅游吸引物聚集体网络、旅游产业带
旅游线—旅游面	旅游产业区域系统	旅游产业带
旅游面—旅游面	宏观旅游区域系统	基本旅游经济区（如长三角、珠三角、京津冀等城市旅游经济区）、基本旅游经济带
旅游节点—旅游线—旅游面	旅游空间一体化系统	旅游等级规模体系

（二）城市旅游空间组合模式

1. 空间结构要素的组合模式

如果对城市旅游点、线、面区位要素进行"矩阵"构造分析，它们可以形成以下旅游空间子系统和组合实体类型：（1）旅游节点和旅游节点要素结合形成旅游节点系统。旅游节点要素的空间运行形式形成集聚发展，空间组合模式表现为条状旅游发展带和块状旅游区、旅游中心地。（2）旅游节点与旅游线结合形成旅游经济枢纽系统，其要素的空间运行形式形成枢纽发展。空间组合模式主要表现为旅游集散地、旅游交通枢纽。（3）旅游节点与旅游面要素结合成旅游节点——城镇区域系统。其空间组合模式主要表现为旅游聚集区、旅游企业集群区、城市商业游憩区。邓冰、俞曦、吴必虎（2004）认为，旅游产业集聚现象有主题公园、旅游度假区、环城游憩带、著名景点周围等类型；旅游产业集聚的影响因素主要有资源禀赋、客源市场、交通区位、政策作用、产业链作用等。尹怡梅（2004）认为，旅游企业集群为聚集在一定地域空间的旅游核心吸引物、旅游企业及旅游相关企业和部门，为了共同的目标，建立起紧密的联系，协同工作，提高其竞争力；旅游企业集群的优势主要表现为促进旅游企业创新、促进旅游企业合作与完善旅游功能、产生商业吸引力、树立区域旅游品牌、加强旅游地环境整治。（4）旅游线与旅游线结合成旅游网络系统，其区位空间要素的空间运行形式呈网络发展。（5）旅游线与旅游面要素结合形成旅游产业区域系统，其区位要素的空间运行形式呈旅游带状发展。（6）旅游面与旅游面结合形成宏观旅游区域系统，其区位要素的空间运行形式呈区域相互作用或协调发展。

2. 点线面要素的层次组合——等级—规模结构

如果旅游节点、旅游线、旅游面区位要素在一定的区域空间呈有机结合状态，在功能上就完全融合为旅游空间一体化系统。具体表现为旅游节点相互依存，旅游面协调发展，旅游线（通道）配套运行，各种旅游空间经济实体的联系交错密集，呈网络化系统。这是一种理想化的旅游空间结构要素的组合系统，也是一种旅游空间经济发展进入高度发达阶段的成熟型组合模式。现实的旅游空间结构系统中普遍存在的旅游节点、旅游线、旅游面区位要素构成了等级—规模体系。

等级—规模体系是旅游空间结构的重要内容，是区域旅游空间系统进化的一种普遍的自组织规律。城市旅游空间结构呈等级—规模结构，是旅游空间等级组合原则、旅游空间等级规模原则的主要体现。研究者认为，可从分散力（扩散力）与统一力（聚集力）两方面阐释等级—规模原则。分散力倾向于形成较小规模的旅游节点，而统一力则倾向于形成较大规模的旅游节点。城市旅游空间中的不同旅游节点的规模—等级排列遵循以下公式：$\gamma = P^{-qk}$（γ 为城市旅游等级，P 为城市旅游规模，q，k 为常数）。

等级—规模原则可以用来说明一个区域内旅游节点（或旅游区、旅游中心地）、旅游（游客）集散中心与旅游城市有大有小，而且从大到小的数量明显呈近似数学级数增加的原因。不同规模的旅游节点（或旅游区、旅游中心地）的功能与等级有明显的差别，较高级别的中心集中了较高的功能，它们的区域影响范围是镶嵌重叠的。从理论上讲，只有这种不同等级规模所形成的空间不均衡的城市旅游空间结构，才有可能使旅游城市之间、旅游城市与旅游城镇之间、旅游城市与旅游区之间产生有序的功能作用。

　　3. 旅游点、线、面要素的有效组合——旅游网络系统

　　（1）旅游网络系统的含义和旅游网络系统发展的意义

　　旅游网络是旅游节点与旅游线路的结合体，旅游节点是旅游网络的心脏，旅游线路则是构成旅游节点之间、旅游节点和旅游域面、旅游域面之间功能联系的通道。旅游网络是旅游地域经济空间的"脉络"。旅游节点、旅游线路、旅游域面空间结构要素之间客观上存在着几何学和运动学上相互必然的转换关系，即连点成线、交线成网和扩网成面。

　　旅游网络具有三层含义：其一，旅游网络表示旅游空间经济联系的通道，它在空间上表现为交织成网的旅游交通等基础设施，如高速公路网络、铁路网络等，也表现为交织成网的河道等自然流域网，如长江三角洲区域自然形成的太湖流域水网等（形成了太湖流域旅游网络）。旅游节点之间的联系必须依托旅游交通网络，它们既是旅游空间经济活动中不可缺少的必要条件，又是旅游空间结构发展变化的内在动力因素。其二，旅游网络表示旅游空间经济联系的系统。这种系统的基础构成是旅游节点之间、旅游域面之间以及旅游节点与旅游域面之间各种有序的物质的和非物质的交往关系。这种交往关系表现为旅游目的地与旅游客源地之间、旅游区之间、旅游城镇之间、旅游城市之间、旅游城市区域与乡村旅游区域以及旅游企业之间的旅游经济以及互为客源、资金、文化等方面的联系。其三，旅游网络表示旅游空间经济联系的组织。这种组织的基本构成分为两种形式：一是反映多层次、多形式的旅游空间经济网络联系的管理和运作机构；二是为完善旅游空间经济网络联系所形成的旅游要素流转的市场机制。

　　旅游网络系统是旅游地域空间的重要子系统，它有利于旅游要素流的正常流转，加强旅游经济联系，缩小区域旅游差异。

　　（2）旅游网络系统的分布形态

　　在一定区域的旅游空间结构的发展变化中，旅游节点和旅游域面的成长发育水平往往会受到旅游基础设施的组合状况及地域分布形式的影响。旅游网络系统的组合形态和分布格局又受到旅游资源分布状况、旅

游基础设施条件、社会经济条件和区域环境的制约。城市旅游空间结构的网络形态大致可以分为放射状、放射环状、扇形、轴带、环状等旅游网络模式。

第二节　城市旅游空间结构的特征与类型

一　城市旅游空间结构的基本特征分析

本节借鉴曾菊新（1996）、陈才（2001）等的研究成果对城市旅游空间结构的基本特征进行分析。

（一）城市旅游空间结构的系统性

城市旅游空间结构的系统性是指城市旅游空间经济发展要素之间和空间构成要素之间存在着稳定的联系，这种联系具有统一性、整体性和综合性。统一性表现为旅游空间结构诸要素在一定条件下，均保持一种空间相互作用的状态。城市旅游区域与乡村旅游区域无时不存在着相互渗透、互相贯通、互相依存、互相联结和互相转化的趋势。旅游空间结构要素的整体性特征有时表现得相当强烈，以致形成一个控制系统，当该系统的某一旅游结构要素受到某种程度的干扰时，整个系统就会发生变化。如某城市新兴旅游资源的开发、新兴旅游区（如主题公园旅游区）的兴建、城市旅游发展重点的转移、城市游憩商业区的开发与发展、城市旅游饭店聚集与扩散的分布变化等旅游节点的变动都会促进整个城市旅游空间结构的变化。

旅游空间结构是一个系统，大区域的旅游空间结构较为复杂，大区域内的各个次小区域的旅游空间结构是这个大的系统内的子系统，各个区域的旅游空间结构之间，通过复杂的旅游网络系统将它们连接起来。如山东半岛旅游圈城市旅游空间结构是全国旅游空间经济系统的一个子系统，而山东半岛旅游圈内部又包含诸如黄金海岸旅游圈、山水圣人旅游圈、逍遥游旅游圈等子系统，这些子系统内部还有更小的旅游子系统。

旅游整体性特征的存在有其客观必然性。这是因为旅游空间结构系统都是由旅游节点、旅游线路、旅游域面等旅游基本要素组合而成的，三者互为一体。不论旅游空间结构如何发展变化，旅游空间结构中的节点都离不开旅游域面；旅游域面的发展会促进旅游节点的发展，旅游节点的空间组织和推动作用也会促进旅游域面的发展；旅游节点和旅游域面的发展以及两者之间的客观关系离不开旅游网络这个纽带系统。其综合性表现为旅游空间结构要素的多样性，旅游空间相互作用关系的多样性以及功能效应的多样性。

（二）城市旅游空间结构的区域性

城市旅游空间结构的区域性是指不同类型的旅游区域（如城市历史文化旅游区与自然观光旅游区、山岳旅游区与湖泊平原旅游区等）、不同旅游发展水平区域（如城市旅游发达区域与不发达区域），其旅游空间结构具有明显的区域个性或景观特性。不同的城市旅游空间，其结构形态、水平、效益和功能等方面存在显著的差异，呈现出突出的城市旅游空间个性。城市旅游空间结构主要通过其明显的地理个性表现出来。对城市旅游空间结构的研究，一定要具体问题具体分析。

（三）城市旅游空间结构要素的极化性、扩散性和边界的模糊性

极化性和扩散性是城市旅游空间结构形成和演化的重要机制。城市旅游空间结构要素的极化是指城市旅游空间经济活动向某个具有旅游优势的区位聚集，并逐步演化为整个旅游发展极核的旅游空间经济现象。这种城市旅游发展极核在区域旅游空间中一旦形成，就会具有一种自我发展的能力，可以不断为自己的进一步发展创造条件。城市旅游空间结构要素的扩散是指从城市旅游发展极核向外围扩散的空间位移过程。一般认为，只有当城市旅游增长极核不存在集聚经济和规模经济效益时，才会出现扩散作用。城市旅游空间结构要素的极化与扩散模式及其过程如表2-3所示。

城市旅游空间结构的边界是模糊的。城市旅游带、城市旅游圈等城市旅游空间结构由于旅游网络的交叉、重叠，同一城市旅游节点可能属于多个城市旅游带与城市旅游圈；城市旅游带与城市旅游圈也可能会有交叉、重叠之处。旅游活动常常跨越行政与自然的地理界限。城市旅游空间的相互作用导致了城市旅游空间结构边界的模糊性。

表 2 - 3 　　　　　　　　城市旅游空间结构要素的极化与扩散过程

极化与扩散	城市旅游空间的过程
波状极化	旅游空间结构要素逐步由外围区域向核心区域聚集，多反映在宏观城市旅游空间尺度上
波状扩散	与波状极化过程相反
向心极化	外围区的旅游节点（要素）向旅游核心区域的节点极化，多反映在城市旅游区域内部
向心扩散	与向心极化过程相反
等级极化	低层次的旅游节点依次向高层次旅游节点极化
等级扩散	与等级极化过程相反
跳跃式扩散	旅游空间结构要素跨越空间距离的限制，直接在区际首位节点上扩散（具有一定的偶发性和随机性）

（四）城市旅游空间结构的等级层次性

城市旅游空间结构的层次性主要表现在两个方面。一方面是从某一城市旅游区在更高等级旅游空间系统中所处的地位上看它的层次性，这种层次性主要由区域核心旅游城市的层次性表现出来，即层次较高的区域核心旅游城市支配较高等级的旅游区域，具体支配方式是通过对低层次区域核心旅游城市的支配来控制它们的外围区域；另一方面就旅游城市自身的旅游发展水平、所处的发展阶段而言，各个旅游区域的空间结构又有高、中、低之分，并与旅游发展水平相对应。就一个较大的区域旅游系统而言，旅游发展水平较低的旅游区域所处的地位—空间层次较低，反之则高。而就一个具体的旅游区域来说，其旅游发展水平总有一个由低级向高级发展的过程。这样，由低层次的城市旅游空间结构达到高层次的空间结构又是一个逐渐发展的过程。由于受区域旅游发展不平衡规律的制约，某些旅游区域的自身结构发展了，高级化了，另一些旅游区域的层次（地位）可能就会相对下降。

城市旅游空间系统内各子系统在规模或层次上是逐渐过渡的。这种过渡现象具有突变性，从而形成了近似的等级关系。正因为城市旅游空间结构具有规模和功能上的等级层次性，才有可能使不同等级层次上的旅游空间实体，通过旅游协同作用在城市旅游空间上形成有机的功能结构体系。

二 城市旅游空间结构的类型

由于受旅游地理位置、旅游资源、旅游环境及旅游经济发展水平等时空条件的制约，特定旅游城市区域可以形成多种类型的旅游空间结构。

表 2 - 4   按城市旅游空间经济活动区位和
功能划分的城市旅游空间结构类型

	空间结构类型	城市旅游空间结构要素与特点
按城市旅游空间经济活动区位划分	区域极核旅游城市	区域旅游极核旅游城市在一般意义上被认为是旅游者进出一个国家或区域空间的主要进出点，也可以称之为国际旅游门户城市。国际旅游门户城市通常起着其从属区域与外界的连接作用并有能力控制该区域的旅游流。国际旅游门户城市通常位于拥有不同产品类型的区域连接点上，通常也处在该区域对外经济贸易的连接点上。从旅游的范畴看待国际旅游门户城市的作用，这对从整体上了解城市旅游空间非常重要。区域极核旅游城市的等级最高，它是一个区域的主要旅游交通中心、旅游接待中心、旅游中转中心，也是该区域旅游资源最为集中的分布区
	区域中心旅游城市	区域中心旅游城市经济发达、旅游交通便捷快速、旅游资源丰富，它是一个区域的次级旅游交通中心、旅游接待中心与旅游中转中心
	区域一般旅游城市	区域一般旅游城市的等级次于区域中心旅游城市，它的旅游交通职能、旅游接待职能、旅游中转职能都低于中心旅游城市
	特色旅游镇或乡村景点	特色旅游镇或乡村景点的等级最低，它的主要任务是接待由一般旅游城市或旅游中心城市中转过来的客源

空间结构类型		城市旅游空间结构要素与特点
按城市旅游空间经济活动功能划分	城市自然风光旅游区	城市近郊、远郊或者城市内部，都存在着一定数量被开发为旅游区的自然区域。这些自然旅游区与城市的景观特征迥然不同，而且往往富有深厚的人文内涵，成为既具有优美的自然景观，又具有人文景观的旅游区
	城市游憩商业旅游区	城市 RBD（Recreational Business District）的类型主要包括大型的购物中心、特色购物步行街、旧城历史文化改造区、新城文化旅游区等
	城市休闲娱乐旅游区	未来的城市旅游发展应当充分重视休闲娱乐产业与旅游产业的结合，培植城市休闲娱乐旅游区，集城市休闲娱乐与旅游观光于一体是城市旅游发展的新空间
	城市新兴旅游区	城市旅游业的发展日益成为城市经济复苏的一种重要的发展战略而成为很多城市的支柱产业。为了迎合某种契机或具有某些先天的条件，城市决策者们会有目的地兴建新兴的城市旅游区，尤其是城市滨水区的城市景观带及城市大型主题公园的兴建等往往会形成城市新兴旅游区
	城市历史文化遗产旅游区	城市是具有一定人口规模，并以非农业人口为主的聚居地。一般来说，城市具有一定的历史文化底蕴，留有一定的历史遗迹。城市旅游目的地的历史文化及文化遗产通常被认为是城市的重要旅游吸引物
	城市民族旅游区	城市内部与特定民族相关联的区域已被广泛用作旅游吸引物来进行旅游促销与市场宣传。中国有 55 个少数民族，在漫长的历史发展过程中，这些少数民族创造了异彩纷呈、各具特色的民族文化，为光辉灿烂的中华民族文化作出了不可磨灭的贡献。中国的一些城市，尤其是少数民族聚居或多民族聚居的中西部城市，民族旅游区已成为重要的旅游资源
	城市宗教旅游区	在宗教朝觐型城市可以发现比较明显的宗教旅游区。旅游城市中那些具有重要的宗教传播功能，既对广大教徒，又对大众旅游者形成旅游吸引力的宗教文化场所形成了城市的宗教旅游区。城市宗教旅游不仅局限于朝拜、求法等活动，而且包括参观、体验宗教文化，是一种专门层次的旅游活动
	旅游度假区	中产阶级的形成和带薪假期制度的推行，使全球度假旅游成为时尚。那些以向度假旅游者提供度假经历的区域发展成为规模较大的度假胜地，或称为度假村或度假区
	主题公园旅游区	主题公园是具有特定主题，由人创造而成的舞台化的休闲娱乐活动空间，是一种休闲产业。中国的深圳、北京、杭州、上海、昆明、无锡、南京等城市的主题公园具有良好的发展前景

表 2 - 5　　　　　　基底连续和基底分散的城市旅游空间结构

旅游空间结构类型			内容或设定条件概要
旅游要素空间分布呈集聚区、集群区圈层形态	点面型	城市旅游空间集聚区	城市旅游空间集聚区往往是几条高等级的城市旅游发展轴线相交后形成的,是与城市旅游发展轴线的形成密切相关的。城市旅游空间集聚区是为数众多的不同等级的城市旅游节点依托不同等级的城市旅游发展轴在相对密集的发展空间中,通过彼此密切的旅游经济联系与较强的旅游空间相互作用而形成的旅游空间集聚区。城市旅游集聚区是城市旅游资源丰富,旅游发展水平高,旅游流流动频繁,具有开展城市旅游联合发展的条件,并具有空间一体化发展倾向的旅游区域
		城市旅游空间积聚群	城市旅游空间集聚群,是指在特定的地域范围内具有相当数量不同性质、类型和等级规模的旅游城市及相当数量不同等级的国家旅游区、星级饭店等旅游企业,依托一定的自然人人文旅游资源条件,以一个或数个旅游经济发达的核心旅游城市作为区域旅游经济发展的核心,借助于铁路、公路、水路、航空等不同类型旅游交通运输网组成的综合旅游交通通道的通达性,由旅游城市之间、旅游企业之间、旅游城市与旅游区域之间共同构成的一个相对完整的城市旅游地域空间组织。城市旅游空间集聚群是由旅游城市、旅游企业、旅游者、旅游从业人员、与城市旅游相关行业、自然人人文旅游资源、社会经济文化等要素组成的区域旅游空间有机体
		城市旅游圈	旅游圈是为了获得最佳经济、社会和环境效益,以旅游资源为核心组成的具有一定地理范围的协作区域,是一定区域内各种旅游经济要素互相联系、相互作用而形成的区域空间组织形式。城市旅游圈层模式是在一定范围内,以某个旅游中心城市为核心对城市旅游地及旅游行业进行空间规划布局的一种模式。城市旅游圈往往围绕旅游中心城市形成一系列同心圆的城市旅游空间结构。旅游要素(主要是旅游节点、旅游线路与旅游区等)在均质空间内呈连续状态分布;各旅游圈要素聚集程度与旅游中心城市的距离成反比
		城市旅游游憩商业区	城市中以游憩与商业服务为主的各种设施(购物、饮食、娱乐、文化、交往、健身等)集聚的特定区域,是城市游憩系统的重要组成部分
		环城游憩带	吴必虎提出了环城游憩带(ReBAM)理论。ReBAM 实际上是指发生在大城市郊区,主要为城市居民光顾的游憩设施、场所和公共空间,在特定情况下也包括位于城郊的外来旅游者经常光顾的各旅游目的地在内的环大都市游憩活动频发地带,简称环城游憩带
		城市旅游中心地空间结构	吴必虎认为,旅游中心地就是供给中心吸引物职能的布局场所。柴荣威、林涛认为,旅游中心地是指旅游性达到某一强度的城镇中心,即能够为城镇内、区域内旅游吸引物及旅游者提供一定强度的旅游交通、接待、信息、管理等对外旅游服务功能的城镇中心

续表

旅游要素空间分布呈点、线形态	点轴型	城市旅游"点—轴"空间结构	旅游经济客体大部分都在旅游节点上集聚，通过旅游交通线路与旅游线路而连成一个有机的旅游空间结构体系。城市旅游交通网络与旅游线路网络形成城市环网型结构；城市旅游网络中节点和旅游线存在功能等级；不同城市旅游节点及外围地区的可达性存在空间差异
	点点型	离散结构	城市旅游节点对节点呈离散形式的城市旅游空间地域结构——城市旅游企业、旅游客源市场等都是离散点；若设定有 M 个地域构成一个旅游市场·资源体系，现有 N 个旅游企业（旅游景点、旅游饭店等）将定位在这个地域空间，其区位关系会形成点对点旅游空间结构

（一）按城市旅游空间经济活动区位和功能划分的城市旅游空间结构类型（见表 2 - 4）

本节借鉴曾菊新（1996）、陈才（2001）等的研究成果，从城市旅游空间经济活动的区位和功能出发，论述城市旅游空间结构类型。

（二）按城市旅游空间经济活动的分布特性划分的城市旅游空间结构类型（见表 2 - 5）

本节借鉴曾菊新（1996）、陆玉麒（1998）等关于区域空间结构方面的研究成果，把城市旅游空间结构划分为两大类：旅游要素空间分布呈集聚区、集聚群、圈层形态的城市旅游空间结构；旅游要素空间分布呈点、线形态的城市旅游空间结构。本节把旅游市场和资源分布理解为相对均一性和空间离散型，分别对应基底连续的城市旅游空间结构和基底分散的城市旅游空间结构。

（三）按照城市旅游核心数量与组合模式划分

吴承照（2005）把城市旅游空间结构分为：

1. 单核模式。这类城市有价值的旅游区集中在一个地域，如过去杭州就一个西湖，现在提出旅游西进、城市南拓战略，改变目前单核状况，缓解城市压力。

2. 多核模式。这类模式的城市较多，与城市规模有关，如青岛市形成了以栈桥—石老人为中心的综合观光区、以中山路—香港中路为中心的文化商业游憩区、以八大关为中心的历史文化商业游憩区等多核共存的空间模式。

3. 带状模式。这类模式的形成与城市自然环境特征有关，如河流、海滨等，世界上知名的旅游城市如巴黎、伦敦、纽约、厦门等均属此类。流经巴黎市区长达 13 千米的塞纳河河道是巴黎最重要的旅游带，伦敦的泰晤士河也是重要的旅游带。

4. 网络模式。具有这类模式的城市吸引物分布比较分散，呈点状分布，不成规模，如苏州城区。

5. 综合模式。上述各类模式的复合。

第三章 山东半岛城市旅游增长极形成机制分析

第一节 城市旅游增长极基础理论

一 增长极及城市旅游增长极基本概念

增长极 (growth pole) 的概念最早是由法国经济学家弗朗索瓦·佩鲁于 1950 年在其《经济空间：理论与运用》中提出的。佩鲁通过对实际经济活动的观察，认为增长并非同时出现在所有地方，它以不同的强度先出现于一些增长点或增长极上，然后通过不同的渠道向外扩散并对整个经济产生不同的影响。佩鲁把经济空间分为三种类型：(1) 作为计划内容的经济空间；(2) 作为受力场的经济空间；(3) 作为均质整体的经济空间。其中第二类型的经济空间是增长点的起点。这类空间"由若干中心（或极、焦点）所组成，各种向心力或离心力则分别指向或背离这些中心。每一中心的吸引力和排斥力都拥有一定的场，它们与其他中心的场相互交汇"。佩鲁从抽象的经济空间出发，认为经济空间存在着若干中心、力场或极，产生类似"磁极"作用的各种离心力和向心力，从而产生相互联合的一定范围的"场"，并总是处于非平衡状况的极化过程之中；在他看来，经济增长是在不同部门、行业或地区，按不同速度不平衡增长着的，原因在于某些"推进型产业（主导产业）"或有创新能力的企业在一些地区或城市的集聚和优先发展，从而形成恰似"磁场极"的多功能的经济活动中心，亦即发展极。M. 拍努尔（1997）认为："极"是在技术关系和经济关系上相互补充的整个产业活动综合体：狭义上的增长极是以在较大地带内围绕一个主要核心而存在的互补性关系为特征的。

佩鲁增长极概念的原始含义是模糊不清的。他是从抽象的经济空间出发,强调产业的部门联系,强调推动型企业对区域经济增长的作用。佩鲁增长极中的"极",是指推动型企业及其相互依赖的产业部门,而不是地理空间中的"极"。他对经济增长的空间结构重视不够。法国地理学家J. 布代维尔(J. Boudeville, 1957)和其他学者一起将极的概念引入地理空间,并提出了"增长中心"这一空间概念。他认为,增长极将作为以拥有推进型产业复合体的城镇出现;他把增长极同极化空间、城镇联系起来,就使增长极有了确定的地理位置,即增长极的"极",位于城镇或其附近的中心区域。这样,增长极包含了两个明确的内涵:一是在经济空间上的某种推动型工业;二是在地理空间上产生集聚的城镇,即增长中心。增长极具有"推动"与"空间集聚"意义上的增长之意。城市旅游增长极是指带动城市旅游发展的一些旅游增长点,它们可以是城市旅游中心区域,也可以是高等级的旅游区(点)及对城市旅游发展具有重要的推动作用,然后通过城市旅游发展轴线向外扩散并对整个城市旅游业发展产生重大影响的区域。城市旅游空间规划布局中待开发的旅游区(点)很多,而旅游开发的人财物等资源又相当有限,不可能全面开发、齐头并进,必然要依托若干城市旅游中心区域,由此发展开来,带动全局。在城市旅游空间规划布局中,城市旅游增长极理论有着重要的价值,可以实施"城市旅游增长极方案",培育多个城市旅游增长点或增长极的集合或扩展,构建一定时空下的城市旅游增长轴。

二 城市旅游增长极的内涵与分类

笔者借鉴李立辉等(2005)对增长极的分类方法,认为城市旅游增长极至少应具有三种内涵:在经济意义上的某一推进型旅游企业;在地理意义上的城市旅游空间单元或地理区位;在经济意义上和地理意义上拥有推进型产业的旅游城市。

城市旅游增长极可按不同的标准进行分类:

1. 从其内涵来看,可划分为城市旅游产业增长极和区域城市旅游增长极。城市旅游产业增长极是由集聚在某一特定区域的具有比较优势、竞争优势、资源与区位优势的旅游企业及相关联的企业或机构所形成的增长极。区域城市旅游增长极是指城市中集聚了许多使该城市旅游经济发达、旅游流高度集中、旅游发展速度加快的城市旅游产业，由此可见，城市旅游产业增长极与区域城市旅游增长极并不是绝对分开的，从某种意义上说，两者是统一的，城市旅游产业的集聚形成城市旅游经济的区位集聚。

2. 从其外延来看，可划分为狭义的城市旅游增长极和广义的城市旅游增长极。前者包括城市旅游产业增长极、区域城市旅游增长极及潜在城市旅游增长极。后者包括所有能促进城市旅游经济增长的积极因素和生长点，如西部大开发政策使西部旅游成为中国新的增长极，泛珠江三角洲的区域旅游联合使该区域成为中国非常重要的增长极，由于区域经济发达而使该区域成为重要的旅游客源地并形成重要的旅游增长极等。

3. 从其构成过程来看，可划分为"自发的"城市旅游增长极、"诱发的"城市旅游增长极和混合型城市旅游增长极。城市旅游增长极既是一个空间自组织过程，又是一个空间被组织过程。旅游增长极空间自组织过程是指由市场机制的自发调节而引导旅游投资机构和相关行业在大城市某旅游区位或旅游资源优势区位投资兴建旅游企业或开发旅游资源，自发形成城市旅游增长极，这在城市旅游资源丰富的区域往往十分常见。旅游增长极空间被组织过程是指政府通过旅游发展规划及根据旅游发展的实际需要，通过重点投资来主动建立城市旅游增长极，如上海为2010年世博会而规划兴建的世博园等。"自发的"城市旅游增长极是旅游企业空间自组织形成的，"诱发的"是后天"自上而下"兴建的。混合型的城市旅游增长极是"自发的"与"诱发的"两者的结合，这在城市旅游增长极类型中最为常见。

4. 从其层次性来看，城市旅游增长极是一个旅游增长中心，是一个旅游系统，并且是由不同等级的城市旅游增长极构成的系统。一般来说，一个省级或以上区域的城市旅游增长极可分为四级，以山东半岛城市旅游发展区域的城市旅游增长极为例，一级为济南、青岛等旅游极核城市；二级为烟台、威海、潍坊、淄博、济宁、泰安等区域旅游中心城市；三级为旅游重点城镇；四级为重点旅游区。

三 城市旅游增长极对周围区域的影响效果

旅游增长极与周围旅游目的地或旅游景区（点）之间的相互关系是旅游增长极研究的中心课题之一。旅游增长极对周围旅游目的地或旅游景区（点）的旅游发展会产生正的或负的影响效果。

旅游增长极对周围旅游目的地或旅游景区（点）所产生的负效果是旅游极化作用的结果。旅游增长极的发展具有相对利益，会产生吸引力和向心力，使旅游增长极的旅游资源得到优先开发。由于周边旅游资源属于非优势资源，或由于资源相似，这些地区会失去旅游开发的机会，使旅游增长极区域与周边区域的旅游发展差距扩大。这种负效果被称为旅游"极化效应"，也被称为旅游"回流效应"。随着旅游增长极的扩展，其内部经济和外部经济的累积增长都会加强这个旅游中心在区域旅游发展中的地位。旅游增长极的"回流效应"主要从以下几个方面起作用：（1）旅游增长极成长所形成的有效需求，会抢先开发区域质量等级最高的旅游资源或占据优势最大的旅游区位，并因取得垄断性的竞争资源而获得持久竞争优势，这样就会限制其他企业的进入或开发优势资源，从而不利于旅游增长极周围地区的旅游发展。（2）旅游增长极"极化效应"所产生的集聚力，会引起旅游产业活动向旅游增长极区位集中配置并扩大经营规模。旅游增长极中的推动性旅游的企业实力非常强大，而且成长迅速，这使其旅游吸引力日益增强，接待能力也日益扩大。旅游流流向增长极少数主导性大旅游企业，从而限制了增长极周边旅游企业的发展，它们或被挤垮或被兼并。（3）旅游增长极的极化过程，会使周边旅游企业的一些优秀人才向旅游增长极流动，造成周边旅游区域的人才流失，进一步降低这些区域的旅游竞争力。（4）由于增长极旅游吸引力强，旅游投资环境好、效益高，旅游基础设施完善，这会强烈吸引周边旅游区域的资金向旅游增长极转移，或降低周边旅游区域吸引外来旅游投资的吸引力，从而进一步弱化其竞争力。

旅游扩散作用是由于旅游核心地区的快速发展，通过旅游产品、资本、旅游者、旅游信息、旅游人力资源的流动而对其他旅游目的地或旅游景区（点）产生的旅游促进、带动作用。这种扩散效果被称为旅游"涓滴效应"。

旅游扩散作用是与旅游极化作用同时存在但作用方向相反的另一种地域变化过程。它的表现是旅游经济要素从核心地区向外围扩散、延展，从而带动整个区域旅游经济的发展。旅游扩散作用之所以能够发生，是因为：（1）旅游极化中心的带动和促进作用。旅游极化中心的旅游发展，使到访旅游者数量增加。为了解决日益增加的旅游者的衣、食、住、行、游、购、娱等需要，旅游极化中心必然会逐步扩大旅游目的地区域，并可能需要依靠外围区域来为旅游者提供旅游极化中心不能满足的旅游需求。旅游极化中心也需要扩大旅游目的地区域或旅游外围区域提供旅游原材料或提供配套旅游服务的能力。（2）旅游极化中心的旅游"外溢"作用。随着旅游极化中心旅游业的发展，一方面，旅游极化中心的接待容量达到极限，旅游环境损害程度加大，旅游投资与经营成本增加；另一方面，旅游客源市场仍在继续增加。旅游极化中心旅游发展的空间逐渐减小，旅游接待设施与旅游服务设施的兴建逐渐向外围区域转移，从而产生旅游的"外溢"现象。这种现象在黄山、泰山等国家级风景名胜区表现得尤为明显。

第二节　基于旅游产业集群视角的城市旅游增长极形成机制分析

一　城市旅游产业集群理论：地理空间视角下对城市旅游增长极理论的反思

佩鲁致力于对推动性单位的特征及对其他经济单位增长诱导机制的研究，显然，其增长极概念属于经济增长理论，而不是产业区位理论。后来，其学生布代维尔把增长极概念延伸为相关产业的空间集聚，使佩鲁的经济增长概念变为地理空间术语。布代维尔认为，经济空间不仅包括与一定地理范围相联系的经济变量之间的结构关系，而且包括经济现象的地域结构关系。他把经济空间分为三种类型：一是均质区域，在这一空间里，每一组成部分或地域彼此都有颇为相近的特性；二是极化区域，极化区域内的不同部分通过增长极相互联系、相互依存；三是计划区域，一般指实际存在的关联区域，它是政府的计划、政策实施地区，在性质上富有政治性。城市旅游增长极一方面是在城市旅游市场需求的推动下，某些具有旅游资源优势或旅游区位优势的区域发展成为由市场机制支配或旅游资源开发机制支配的自发性的城市旅游增长极，如一些国家级风景名胜区或重要的旅游资源富集区在持续的旅游需求与投资增长的推动下成为城市重要的旅游增长极；另一方面通过政府行为，如划定某区域为国家级旅游度假区或某区域为城市主题公园集聚发展区域，通过政府的规划、计划、政策等培育而成为由计划机制支配的诱导型城市旅游增长极。

增长极理论强调区域发展的不平衡，是一种非均衡发展理论。在增长极理论指导下的区域发展战略强调主导产业的推动作用，它过分强调资金与劳动力在区域发展中的重要作用，因而忽视了技术创新和知识创新在构建区域增长中心中的作用。增长极理论认为，大企业的兴建往往会形成区域新的增长极，但它忽视了中小企业集群在形成新的增长极中的作用。增长极理论过分强调通过"自上而下"的途径构建增长中心，因而忽视了中小企业为了追求区位经济、规模经济与城市化经济，通过"自下而上"的途径自发形成的新的增长中心。

旅游企业多是中小企业，单个旅游企业很难成为城市旅游发展的增长中心，因此依靠兴建大的旅游企业，通过大旅游企业的集聚与扩散力来形成城市旅游增长极以推动城市旅游经济的发展是很难的。使用城市旅游增长极理论来指导城市旅游发展会面临以下几点困境：

1. 城市旅游增长极理论过分强调旅游发展中的极化作用，往往主张采取国家对重点旅游企业的实行大力投资或财政扶持的方式壮大旅游企业的实力（接待能力）。一些在城市郊区的大型旅游度假区、主题公园旅游区等城市旅游增长极的旅游基础设施往往是由政府投资兴建的，这种增长极是由外在推动力形成的，往往忽视了内生性增长力量。面对全球经济一体化的冲击，"区域的重新发现"唤起人们对城市和区域政策的重新思索，并在理论上形成了广受关注的"新区域主义"。"新区域主义"的倡导者强调自下而上的，针对区域的、长期的和基于多元行动主体的，能够动员内生发展潜力的政策行动。旅游产业集群作为一种新的区域旅游发展思路日益受到研究者的重视。旅游产业集群理论能够克服旅游增长极理论的这种缺陷。

2. 城市旅游增长极理论过分强调主导性旅游在城市旅游增长极形成中的推动作用，但主导性旅游产业的培植往往很难成功。旅游是一种综合性的产业，旅游吸引物吸引力的大小往往不是某一大型的旅游企业就能决定的。旅游目的地吸引力是一种综合吸引力，它强调旅游者旅行活动中所涉及的各相关行业之间建立平等的竞—合关系，通过内部共生机制，实现旅游目的地各旅游企业的和谐可持续发展，而不是城市旅游增长极理论所主张的那种以某旅游企业作为推动性企业，以城市旅游飞地的形式来带动旅游相关产业的发展。旅游产业集群理论强调旅游企业之间应建立平等的竞—合关系，通过内部共生机制实现和谐发展。

3. 城市旅游增长极理论强调旅游极化中心的发展，而过度的旅游集中发展往往会破坏旅游目的地良好的生态环境，这不仅限制了增长极外围地带的旅游发展，而且会对增长极地带的旅游可持续发展带来不可估量的影响。旅游产业集群理论强调各种资源要素的整合能力，而不是过度强调旅游基础设施的共享及规模经济的实现，这样就可以避免旅游极化中心因过度旅游而带来的旅游不可持续发展问题。

二　城市旅游产业集群理论与城市旅游增长极理论的异同

产业集群理论是伴随着新的科学技术革命和知识经济的兴起而出现的非平衡增长理论，也被认为是增长极理论的重要前沿领域，因此可以认为产业集群理论是增长极理论的前沿形态。

（一）城市旅游产业集群理论与城市旅游增长极理论的相似性

这两种理论都强调旅游产业空间集聚经济效应与旅游产业的空间竞争与合作，强调城市旅游产业集群可以形成城市旅游增长极。

旅游产业集群内的旅游企业类型主要有旅游景区（点）等旅游观光游览企业、旅游住宿接待企业、餐饮企业、旅行社、旅游购物商场（商店）、旅游娱乐企业等。它们之间既有竞争也有合作，既有分工也有协作，彼此之间形成一种互动性的关联。旅游景区（点）的集群，一方面增加了集群区的旅游吸引力；另一方面也扩大了集群区的接待能力，这会使集群区的旅游接待市场逐渐扩大，到访旅游者的数量不断增加。由于旅游产品是一种消费者到产品生产企业直接消费的产品，而且旅游者具有消费多样性的消费特性，在一定旅游时间内旅游者期望游览不同的景区（点）。旅游产业集群区内旅游企业的空间距离较小，旅游者的差异化旅游决策行为使旅游者到访不同的旅游企业。这就会形成一种客源共享效应，带来旅游者与旅游企业双方的旅游交易成本、旅游者的旅行成本、旅游企业的生产成本等的下降，这是集群带来的"内部经济"。同时，集群内的旅游企业共享旅游基础设施、共享区域旅游品牌效应、共享旅游发展优势，这会带来"外部经济"。旅游产业集群内的旅游产业集群行为会增加企业间的旅游竞争，促进旅游企业加强经营管理与产品创新，促进旅游企业不断成长，这种旅游产业集群产业空间组织形式所具有的群体竞争优势和集聚发展的规模效益是其他形式难以相比的。旅游产业集群较强的经济扩张力使它完全可以成为旅游增长极，使其所形成的旅游发展优势与所聚集的旅游流沿着旅游发展轴线扩散，产生旅游扩散效应，带动周围区域旅游经济的发展。

（二）城市旅游产业集群理论与城市旅游增长极理论的不同之处

笔者借鉴卞显红等的相关研究成果，从旅游企业结构、旅游机构构成、形成动力机制、旅游产品丰富度、根植性、竞—合关系、劳动就业等方面对城市旅游产业集群理论与城市旅游增长极理论的不同之处进行了分析（见表3-1）。

三　城市旅游产业集群对城市旅游增长极形成的影响机制

在区域经济的研究中，对增长极的具体解释存在一定的差异，如"增长极是相互关联产业的空间聚集"；"增长极是推进性产业及其相关产业的空间聚集"；"增长极是位于城市中心并通过扩散效应带动周围腹地增长的相关产业的空间聚集"；"增长极是一个带动周围区域经济增长的城市中心"；"增长极是一个增长中的城市中心"。由此可见，增长极的一个非常重要的特征就是产业的空间聚集，旅游产业集群也是一种旅游产业空间聚集现象。虽然增长极理论与产业集群理论之间存在着差异，但作为研究区域增长中心形成的内在机理理论，两者都可以作为增长极形成机制研究的基础理论。笔者认为，旅游产业集群理论与旅游增长极理论都可用于阐释旅游增长极的形成机制；城市旅游产业集群可以形成城市旅游增长极。

表 3 - 1　　**城市旅游增长极理论与城市旅游产业集群理论的不同之处**

	城市旅游增长极理论	城市旅游产业集群理论
旅游空间发展战略	强调旅游空间发展的不平衡性，强调集中资源优先发展具有比较优势的区域，然后逐步向周边地区扩散。这种旅游开发模式强调旅游资源的重要性，忽视了旅游区位条件与旅游市场需求在促进人造旅游景区（点）建设中的推动作用	对区域旅游发展的平衡性不作简单争论，强调各种资源要素的整合能力，追求适合区域旅游具体特征的发展道路。这种旅游开发模式强调人的能动作用，在旅游区位良好，升值潜力不佳的区域，依托资金、客源、项目等条件创造旅游发展的优势，并使其成为区域旅游增长极
旅游企业结构	以大型旅游企业为核心（推动性单位），中小旅游企业为之配套。中小旅游企业生存在大旅游企业的光环之下，它们之间的关系是附属关系，相互联系不强	以中小旅游企业为主的网络，或旅游企业共生的网络，水平关系与垂直关系交织，企业间呈现平等的关系。相互客源互补，开展密切的竞争与合作，多方共赢
旅游机构组成	机构稀少，旅游相关产业及旅游基础设施与接待设施缺乏，增长极的大型推动性旅游企业是主要旅游接待设施	机构稠密，包括旅游景区（点）、旅游饭店、餐馆、娱乐场所、旅行社、旅游购物场所、银行、超市等在集群区的集聚
形成动力机制	政府建设大型旅游企业（主要是大型景区等），用自上而下的外力推动企业的发展。强调政府的作用，建成的大型旅游企业往往成为孤立的旅游目的地。旅游增长极理论认为，中小旅游企业集聚在大型推动性旅游企业附近的主要原因是获取外部规模经济效应，主要是共享旅游设施、节约旅游产品生产成本	自上而下的、源于市场的力量。旅游投资商看好集群良好的旅游区位、市场与资源条件，在集群区投资兴建旅游企业，可依托集群所带来的集群优势与规模经济、范围经济等。旅游集群的主要目的是获取旅游产品创新与旅游市场营销等方面的信息。主题公园乐于集群，这有助于不断进行技术创新与旅游产品创新
旅游产品丰富度	旅游者可选择的产品种类较少，到访目的地之后游览一两个主要景区，很难停留	旅游产品丰富，旅游者能够在集群区购买所需要的多种旅游产品，实现旅游效用最大化
根植性	在旅游发展中，地方文化与当地社区隔离	融合当地文化，与当地社区实现一体化发展
竞—合关系	大型旅游企业占主导地位，抑制竞争与合作。强调主导型旅游企业的发展壮大，少数主导性旅游企业形成核心竞争力。强调价格竞争	促进竞争与合作，强调合作战略与竞争战略同等重要。集群内旅游企业联合发展，塑造区域共同旅游品牌，联合开发旅游资源与构建旅游产品体系，以联合体的形式共同对外参与竞争

	城市旅游增长极理论	城市旅游产业集聚群论
劳动就业	忽视当地居民在大型主导性旅游企业中的就业需求，又因为过度强调主导性旅游企业的地位，相关带动产业层次较低，就业容量较小	旅游集群带来旅游劳动力的集聚，旅游企业之间在旅游劳动力上相互竞争，旅游就业容量较大，重视劳动力培训，强调知识创新

　　旅游企业大多是中小型企业，单体旅游企业很难成为区域推动型产业，因此，也很难成为旅游增长极。由于旅游区位与旅游资源条件，某些区域成为城市旅游发展的优势区域，一定数量的旅游企业及相关支撑性、关联性产业发展形成优势区域集群。旅游产业集群所带来的规模效应、城市化效应、集聚效应与范围经济使集群区域的旅游吸引力逐步增强，旅游企业数量进一步增加。随着旅游产业集群区域旅游发展实力的逐步增强，集群区的扩散效应渐渐超过极化效应，从而使最初的旅游产业集群区成为城市旅游的重要增长极。

　　城市旅游产业集群能为集群内旅游企业带来规模经济优势、旅游竞争优势、旅游市场营销优势、旅游品牌构建优势、提高服务质量与技术创新优势、旅游资源共享优势、旅游基础设施与接待设施共享优势、旅游人力资源优势、旅游信息优势等。城市旅游产业集群区域内的旅游企业所获取的优势使新的旅游企业不断加入。新加入的旅游企业就可以充分享受到旅游产业集群为其经营所带来的机会；而先加入的旅游企业则会增加其市场的竞争度。在市场经济条件下，假定新旅游企业不断加入，这样，集群内旅游企业之间的关系是一种既竞争又合作的关系。竞争会激发旅游企业的创新能力与危机意识，并使旅游企业获得发展。中小旅游企业通过集群化与网络化发展，能通过集群所形成的合作关系参与国际旅游竞争，旅游产业集群化与网络化发展日益突飞猛进，带来了有价值的客源市场信息的共享、创新力的提高、进入全国或跨区域范围旅游网络的机会、不同旅游相关利益群体之间的资源联合开发与知识转移等。旅游产业集群的目的是提高某一旅游目的地获取特定旅游活动的可得性及使中小旅游企业的日常运转由孤立向合作转变，并构建具有比较优势与持续竞争力的目的地旅游产品体系。在英国，区域发展署已把集群发展作为提升区域经济创新力与中小企业成功的关键要素。旅游产业集群是特定旅游区域内相互补充的旅游企业之间合作区位选择（co-location）的产物。

旅游产业集群与一般产业集群有很大的不同。旅游产业集群理论是旅游经济学与地理学理论的交叉理论，旅游产业集群通常由政府政策支持，个体商业经营者协同工作以满足消费者的需求，并提高旅游目的地区域的旅游吸引力。旅游产业集群内旅游企业的产品生产与消费具有同时性，消费者只有到达集群内才能实现旅游企业产品消费行为。旅游者的旅游活动是综合性的活动，涉及多种要素。在旅游者一次旅游体验活动中，一般需要多家旅游企业提供产品与服务才能顺利完成消费行为。因此，旅游产业集群内的旅游企业之间的合作关系比其他产业集群企业之间更加密切。

旅游产业集群内旅游企业之间的竞争与合作关系，一方面促进了旅游企业为应对日益激烈的旅游竞争而不断进行创新，使自身实力不断增强；另一方面联系日益密切的旅游合作关系促进了旅游业集群所带来的优势效应进一步在各旅游企业之间的共享度，并进一步促进了旅游产业集群的规模扩张。笔者仅仅针对旅游产业集群所带来的正面效应大于负面效应这个假设条件探讨产业集群的发展问题。随着旅游产业集群规模的扩张，旅游企业所获取的各种集群经济效应逐渐增强，旅游产业集群区逐渐成为区域旅游增长极。

第三节　山东半岛城市旅游增长极形成机制分析

一　城市旅游资源与区位条件是山东半岛旅游圈城市旅游增长极形成的基础

（一）旅游资源条件

旅游资源的开发方向与旅游发展增长极的选择与培育是建立在旅游资源优化配置基础上的，是资源配置优势与市场需求相结合的结果。城市旅游资源条件是山东半岛城市旅游增长极形成的重要基础之一。

1. 山东半岛城市旅游资源城际差异分析

虽然山东半岛旅游城市地理相近，文化同源，人文相亲，但每个城市旅游资源与旅游文化底蕴各具特色，差异还是比较明显的。根据山东半岛城市旅游资源类型效应与强度效应的组合，笔者将山东半岛城市旅游资源划分为世界遗产地、风景名胜区（国家重点、省级）、历史文化名城（国家级、省级）、森林公园（国家级、省级）、文物保护单位（全国重点、省级）、自然保护区（国家级、省级）、国家旅游区（A 到5A 共 5 级）、中国优秀旅游城市 8 大基本类型。

2. 山东半岛城市旅游资源丰度分析

在旅游资源丰度分析中，山东半岛城市旅游资源中自然保护区与世界遗产类不是每个城市普遍的存在性旅游资源，因此未将其考虑在内。另外，城市国家旅游区的数量为该城市所有级别国家旅游区之和，并只考虑国家级历史文化名城，国家重点与省级文物保护单位被统称为省级以上文物保护单位，国家级与省级风景名胜区被统称为省级以上风景名胜区，国家级与省级森林公园被统称为省级以上森林公园。笔者采用2008 年山东半岛城市旅游资源统计数据，借鉴王凯的研究方法对山东半岛城市旅游资源的丰度进行了分析（见表 3 - 2）。各城市旅游资源数量及其占山东半岛的比重反映了各城市旅游资源的绝对量；综合密度指数反映了各城市旅游资源的相对量。笔者把绝对量的丰度称为绝对丰度，把相对量所标志的丰度称为相对丰度。在此基础上，笔者将各城市各类旅游资源占山东半岛比重的指数汇总成一个从总体上反映城市旅游资源绝对丰度的综合指标 A，同时将旅游资源的综合密度指数汇总成反映该城市旅游资源相对丰度的综合指标 C，将 A 与 C 的乘积开平方，得到各城市旅游资源的总丰度 F。A，C 和 F 值如表 3 - 3 所示。

3. 城市旅游资源丰度：城市旅游增长极形成的资源基础

旅游资源是城市旅游发展的重要基础，旅游资源的类型、数量及其丰度在一定程度上表征着一个城市旅游发展的水平。旅游资源丰富的城市在旅游吸引力强度上往往会超过具有相似区位的其他城市。山东半岛旅游城市处于一共同区域，旅游交通基础设施发达，各城市的旅游可达性均较高，旅游资源的丰度往往成为区域旅游增长极的重要依托力量。

表 3 - 2　　2008 年山东半岛各旅游城市旅游资源丰度分析

城市	各城市旅游资源占山东半岛的比重（%）						各城市旅游资源综合密度指数（山东半岛平均为 100）					
	中国优秀旅游城市	国家旅游区	国家历史文化名城	省级以上文物保护单位	省级以上风景名胜区	省级以上森林公园	中国优秀旅游城市	国家旅游区	国家历史文化名城	省级以上文物保护单位	省级以上风景名胜区	省级以上森林公园
青岛	12	21.15	7.692	9.619	13.333	7.937	1.610	15.027	0.537	28.444	2.147	2.683
烟台	20	17.18	15.385	13.975	5	15.873	3.017	15.085	1.207	46.461	0.905	6.034
威海	16	5.73	0	5.626	11.667	9.524	4.656	9.311	0	36.080	4.074	6.983
潍坊	16	12.78	15.385	10.526	20	15.873	2.685	4.699	1.343	38.934	4.028	7.446
淄博	4	10.57	15.385	12.160	16.667	6.349	1.127	19.167	2.255	75.544	5.638	4.510
济南	8	9.69	7.692	13.793	10	19.048	1.568	7.840	0.784	59.582	2.352	9.408
东营	0	5.29	0	1.452	0	3.175	0	5.878	0	15.674	0	3.918
日照	4	4.85	7.692	4.900	3.333	6.349	1.239	6.196	1.239	33.458	1.239	4.957
济宁	12	7.05	23.077	19.964	13.333	4.762	2.177	6.531	2.177	79.826	2.903	2.177
泰安	8	5.73	7.692	7.985	6.667	11.111	1.851	7.406	0.926	40.731	1.851	6.480

资料来源：根据《山东旅游统计年鉴》《中华人民共和国年鉴》《中国景区景点总录》等统计资料计算整理得出。

注：（1）综合密度计算公式为：$D = Q/\sqrt{SP}$，其中，D 为城市旅游资源综合密度；Q 为城市旅游资源个数；S 为城市面积（万千米）；P 为城市国内旅游人次（千万人次）。

表 3 - 3　　　　　　　2008 年山东半岛各旅游城市旅游资源总丰度

城市	F 值		A 值	C 值	城市	F 值		A 值	C 值
	F 值	位次				F 值	位次		
青岛	1.503771	2	1.217592	1.857213	济南	1.081301	5	1.120871	1.043128
烟台	1.858408	1	2.328517	1.483211	东营	0.265983	10	0.152021	0.465376
威海	1.092997	4	0.913813	0.959426	日照	0.551438	9	0.452391	0.672171
潍坊	1.071138	6	1.017923	1.127135	济宁	1.253924	3	1.551742	1.013265
淄博	1.055071	7	1.180285	0.943142	泰安	0.810461	8	0.730121	0.899641

注：A、C 均可采用下列公式求得：$P_i = \sum\limits_{j=1}^{n} d_{ij} / (\sum\limits_{i=1}^{m} \sum\limits_{j=1}^{n} d_{ij}/10)$，公式中 P_i 为第 i 城市旅游资源综合指数；m 为对比的城市数（取 10）；n 为旅游资源种类数；$\sum\limits_{i=1}^{m} d_{ij}$ 为第 i 城市 m 种旅游资源占山东半岛比重之和。

笔者采取旅游资源绝对丰度指标 A 对山东旅游城市的旅游增长极进行了等级划分（表 3 - 4），把值大于 1.000000 的城市视为山东半岛一级城市旅游增长极，其中有青岛、烟台、潍坊、淄博、济南、济宁 6 城市；把 0.000001 < A < 1.00000 的城市视为山东半岛二级城市旅游增长极，其中有威海、东营、日照、泰安 4 城市。

表 3 - 4　　　　　　　依据城市旅游资源绝对丰度对
山东半岛城市旅游增长极的划分

城市	青岛、烟台、潍坊、淄博、济南、济宁	威海、东营、日照、泰安
增长等级	一级	二级

（二）城市旅游区位条件
我们借鉴相关研究成果对城市旅游增长极形成的区位条件进行了分析。城市旅游增长极的形成与城市旅游规模有密切的关系，但还要取决于该市在所研究旅游区域中的位置。将这两种因素予以综合考虑，即

是对城市旅游地理位置中心性的定量评价，其结果是确定区域旅游增长极的基本依据之一。我们主要对山东半岛城市旅游地位与城市旅游中心性进行定量评价。

1. 城市旅游地位的定量评价模型

从大区域范围来看，城市旅游属于点状经济客体。因此，城市旅游地位的评价可借助场论中有关质点引力势理论来计算。城市旅游地位是指城市旅游在区域城市旅游体系中所起的作用大小或影响能力的高低。某个旅游城市的地位应包括两部分"势"：一方面，该旅游城市因其本身具有的旅游实力而在其他旅游城市处产生"势"，被评价城市因此获得旅游地位，即城市旅游本底地位。另一方面，周围其他旅游城市也会因其所具有的旅游实力而在该评价城市处产生"势"，被评价城市因此获得旅游地位，即城市旅游相对地位。据此，根据引力势表达式和势叠加原理，可以得出城市旅游本底地位的一般表达式（3–1）。在式（3–1）中，I_i 为 i 城市旅游本底地位；M_i 为 i 城市的旅游综合实力；R_{ij} 为 i 城市与 j 城市的距离；k 为 i 城市旅游综合实力与距离的比例系数；n 为区域旅游城市体系内城市个数。

$$I_i = kM_i \sum_{j=1}^{n} (1/R_{ij}) \qquad (k = M_i / \sum_{j=1}^{n} R_{ij}) \qquad (3-1)$$

$$I_i^* = kM_j \sum_{j=1}^{n} (1/R_{ij}) \qquad (k = M_i / \sum_{j=1}^{n} R_{ij}) \qquad (3-2)$$

$$A_i = I_i + I_i^* \qquad (3-3)$$

从城市旅游本底地位表达式来看，城市旅游本底地位与该旅游城市本身的旅游实力和该城市在区域旅游系统内所处的旅游区位有关。该城市旅游实力越强、区位越好，该城市旅游本底区位就越高；反之，该评价城市的旅游本底地位就越低。显然，城市旅游本底地位不随周围旅游城市的旅游实力大小而改变。

同样，根据引力势表达式和势叠加原理，可以得出城市旅游相对地位的一般表达式（3–2），其中，I_i^* 为 i 城市旅游相对地位；M_j 为 j 城市的旅游综合实力，笔者设定 $M_j = \sqrt{P_j \times V_j}$，其中，$P_j$ 为城市 j 的国内旅游总人次，V_j 为城市 j 的国内旅游总收入，这里 P_j，V_j，R_{ij} 采用 2008 年统计数字。某一城市旅游的相对区位是指相对于周边旅游城市来说的旅游地位。一般来说，周边某一非评价旅游城市的旅游实力越强，该评价城市的相对旅游区位也越强；某一非评价旅游城市与该评价城市的旅游区位越接近，则该评价城市的相对旅游区位也越强。某个城市的旅游地位为该城市的旅游本底地位与旅游相对地位之和（公式3 - 3）。山东半岛10个旅游中心城市的旅游地位指数如表3 - 5所示。

表3 - 5　　　　　山东半岛10个旅游中心城市的旅游地位指数

城市	济南	青岛	淄博	东营	烟台	潍坊	济宁	泰安	威海	日照
旅游地位指数	39.63	71.37	4.21	0.69	30.28	9.57	3.53	4.04	10.68	1.36

2. 城市旅游区位商分析

区位商是现代经济学中常用的分析区域产业优势的指标，具体是指部门指标在区域总量中的比重与高层系统同样部门同样指标在高层系统总量中比重的比。它可以衡量某一产业在大范围内的集中程度，以便挑选具有边际意义的产业，是衡量产业布局规模效益的最好方法。赵现红、吴丽霞、马耀峰（2004）对陕西省10个地级以上旅游城市的旅游区位商进行了分析，并把旅游区位商与城市旅游综合实力指数作为陕西省旅游增长极划分的两大重要指标。笔者采用的公式如下：

城市旅游区位商 =（城市旅游总收入/城市 GDP）/（山东半岛旅游总收入/山东半岛 GDP）

笔者使用2008年统计数据对山东半岛旅游圈10市的旅游区位商进行了分析（见表3 - 6）。

表3 - 6　　　　　山东半岛10城市的旅游区位商

序位	1	2	3	4	5	6	7	8	9	10
城市	日照	泰安	青岛	威海	济宁	济南	烟台	潍坊	淄博	东营
旅游区位商	1.491	1.337	1.336	1.257	1.001	0.984	0.938	0.841	0.774	0.196

城市旅游增长极的评定不仅要考虑某一城市在区域中的比重，而且

要考虑其旅游业在城市社会经济发展中的地位。以日照市为例,虽然日照市旅游总收入在山东半岛 10 城市中位于第九位,但是其旅游总收入占 GDP 的 10.57%,旅游业是日照市旅游产业专门率非常高的产业,是日照市经济发展的重要增长极。因此,城市旅游区位商是从城市整体角度分析旅游业是不是其增长极的重要指标之一。

　　3. 城市旅游区位条件:山东半岛城市旅游增长极形成的区位基础

　　城市旅游资源是城市旅游发展的重要基础,但城市如果缺乏良好的区位条件,其旅游发展水平可能会低于区位条件好的城市,如山东半岛城市群中的济宁市城市旅游资源总丰度位居第三位,绝对丰度位居第二位,但相对于山东半岛一些旅游资源丰度不及它的城市来说,其旅游发展水平较低。2008 年,济宁国内旅游收入在山东半岛 10 个旅游城市中位居第五位,与第一位、第二位的青岛、烟台差距较大。济宁是儒家文化的发源地,文化底蕴深厚,其中拥有 110 个省级以上文物保护单位,3 个省级以上历史文化名城;在自然资源方面,济宁拥有 4 处省级以上风景名胜区,这些旅游资源在山东省都是居于首位的,自然与文化旅游资源均非常丰富。济宁拥有如此丰富的城市旅游资源,但城市旅游业发展水平远低于旅游资源总丰度、相对丰度及绝对丰度均不及它的山东半岛其他旅游城市。造成济宁这种情况的主要原因是城市旅游的旅游区位条件相对处于劣势。济宁的旅游地位指数为 3.53,位居山东半岛 10 城市的第八位(见表 3-5),城市旅游区位商是 1.001,位居山东半岛 10 城市的第五位(见表 3-6)。

　　青岛作为山东半岛城市旅游发展的核心,其旅游资源绝对丰度位居第三位,青岛的国家历史文化名城、世界遗产、国家自然保护区类旅游资源缺乏。但是 2004—2008 年国内与国际旅游收入等经济指标均位居山东半岛城市旅游之首,在全国也居于前列。青岛主要以都市旅游和海滨度假旅游见长,主要旅游产品有青岛都市观光游、都市休闲游、滨海度假游、郊区休闲游、都市购物游等。相对来讲,青岛的先天旅游资源匮乏,但是青岛的旅游地位指数和旅游区位商远远大于山东半岛其他旅游城市。

　　城市旅游发展水平是与城市旅游资源条件、旅游区位条件及其社会、经济、文化水平等综合因素共同形成的旅游发展条件密切相关的,其中旅游资源与区位条件是两大非常重要的因素，也是山东半岛城市旅游增长极等级划分的两大重要依据。

（三）潜在城市旅游增长极的形成：具有一定旅游资源与区位基础的城市旅游区域

城市旅游增长极通常位于旅游资源分布集中的区域，也往往处在城市旅游发展轴线上。城市旅游增长极要有一定的旅游发展基础，能对非旅游优势资源区的旅游开发产生带动作用。新的城市旅游增长极的形成应具备以下条件：（1）具备城市旅游开发的良好先天条件。城市旅游增长极的旅游资源应具独特性并且相当丰富，且旅游基础设施、旅游接待设施、区域经济基础及区位均具备旅游开发的基本条件。（2）具有产生聚集经济的能力。城市旅游增长极区域不仅要聚集大量的旅游资源，而且要具有吸引大量投资、聚集资金和人才的能力，以进入自循环旅游可持续发展的阶段。（3）合适的自然社会环境。良好的自然生态环境、社会风气有助于培育良好的城市旅游开发的硬环境和软环境，良好的城市旅游环境可以促进城市旅游增长极的开发与发展。

新的城市旅游增长极的形成除须具备基本条件外，还可以通过城市旅游中心地确定法来确定。另外，大型旅游景区（点）的兴建，主要是大型主题公园的兴建，质量等级较高的旅游资源的发现，重大考古发现及其他重大事件的出现等也会导致新的旅游增长极的出现。

二　城市旅游业作为城市推动型产业是山东半岛旅游圈城市旅游增长极形成的产业基础

经济增长不可能以相同强度在每个地区同时发生，它通常会首先出现在一些增长点或增长极上，然后通过它们的吸引力和扩散力不断扩大自身规模，再通过不同渠道向外扩散，并对整体经济产生不同程度的最终影响；并非任何一个地区都能发育成为一个增长极，增长极的形成是一系列条件契合的结果，其中最主要的是增长极必须拥有创新能力强的主导部门或行业，它们往往能成为推进性部门，推动集区位经济、规模经济和外部经济于一体的增长极的形成。

（一）山东半岛城市旅游业已成为一种重要的城市推动型产业

城市旅游业作为城市的一项重要产业在山东半岛城市社会经济发展

中的地位越来越高。2008 年，山东半岛 10 个旅游城市的旅游总收入占
同期城市 GDP 的比例如表 3 - 7 所示。山东半岛城市旅游业具备了城市
推动型产业的一般特征。

表 3 - 7   2008 年山东半岛 10 市旅游收入占城市 GDP 的比例

城市	城市 GDP 总量（亿元）	旅游总收入	
		总量（亿元）	相当于 GDP 的比例（%）
济南市	3017.42	210.6	6.98
青岛市	4436.18	420.3	9.47
淄博市	2316.78	127.1	5.49
东营市	2052.62	28.6	1.39
烟台市	3434.19	228.5	6.65
潍坊市	2491.81	148.5	5.96
济宁市	2122.16	150.7	7.10
泰安市	1513.30	143.5	9.48
威海市	1780.35	158.7	8.91
日照市	773.14	81.7	10.57

1. 旅游产品需求收入弹性系数高，旅游发展速度快

旅游产品需求弹性系数是指旅游产品需求量的相对变动与消费者相
应收入相对变动的比值。其计算公式为：

旅游产品需求弹性系数 =（旅游产品需求量的增长速度/居民收入
的增长速度）×100%

我们把旅游产品需求量的增长速度简化为国内旅游收入增长速度，
居民收入的增长速度简化为城镇居民人均可支配收入的增长速度，并对

2007—2008 年山东半岛 10 个旅游城市的旅游产品需求收入弹性系数进行了分析（见表 3 - 8）。每个城市的旅游产品需求收入弹性系数是不完全相同的，有高有低。表 3 - 8 表明，山东半岛 10 个旅游中心城市的旅游产品需求收入弹性系数均大于 1，说明随着居民收入的增长，旅游收入增长会更快。居民收入的增长促进了旅游需求的增长，为了满足居民日益增长的旅游需求，旅游业有大力发展的必要性与可能性。一般来说，旅游产品需求收入弹性系数越高，旅游发展前景就越好。

表 3 - 8 　　　　　山东半岛旅游圈 10 市旅游产品收入弹性系数

城市	青岛	烟台	威海	潍坊	淄博	济南	东营	日照	济宁	泰安
旅游产品收入弹性系数	1.43	1.69	1.51	1.42	1.38	1.53	2.10	2.58	2.00	2.04

2. 旅游产业关联性强，能促进旅游产业综合体的形成

旅游产业的关联性较强。潘建明、李肇荣等（2003）认为，旅游业与 31 个产业部门有直接关联，并对应这些部门遴选出具有代表性的旅游产品。张帆、王雷震等（2003）对旅游业的国民经济影响及其相应的产业部门进行了划分：受旅游直接影响的行业共有 14 个，受旅游间接影响的部门共有 50 个，受旅游引致影响的部门共 20 个。旅游业作为关联性大的行业，其前向、后向联系能力大，产生的外部经济能力强。它的增长对其他产业的波及效应越大，对区域经济的推动能力就越强。

3. 旅游分布具有高度的空间集中倾向，具有全国性的甚至是国际性的客源市场

山东半岛城市旅游资源、旅游企业分布具有高度的空间集中倾向。山东半岛国家 4A 级旅游区 $\bar{r}$（最邻近距离的平均值）为 16.09312 千米，$r - E$（理论最邻近距离）为 17.10345 千米，R（最邻近点指数）为 0.849057 千米，山东半岛国家 4A 级旅游区总体空间呈凝聚分布：山东半岛国家 4A 级旅游区区域内空间分布的基尼系数（Gini）是 0.783421，分布均匀度为 0.154687，山东半岛 4A 级旅游区在 10 座旅

游城市中呈集中分布，且分布的均匀度很低。

山东半岛城市旅游客源市场也十分宽广，2008 年，山东半岛 10 城市接待外国旅游者人数及旅游外汇收入如表 3 - 9 所示。

表 3 - 9　　　　　2008 年山东半岛主要城市接待国外旅游者指标

城市	入境游客数		入境旅游收入	
	（人次）	增长（%）	（万美元）	增长（%）
济南	170263	6.0	8339.6	17.9
青岛	801265	- 25.8	50045.4	- 25.9
淄博	93883	36.2	4471.6	166.0
东营	18760	64.6	1508.4	125.7
烟台	352090	14.5	26707.7	16.4
潍坊	131771	77.7	7081.2	96.3
济宁	190797	22.6	6105.4	23.6
泰安	190242	33.3	9518.1	49.9
威海	288277	7.8	13733.7	10.3
日照	151618	35.1	4432.3	45.7

（二）城市旅游业作为城市主导产业促进城市旅游增长极形成的机理

1. 城市旅游业作为城市主导产业的区位关联度决定城市旅游增长极的形成

王昆（2006）认为，J. 布代维尔（J Boudeville）的增长极理论具有三方面的内涵：一是作为经济空间上的主导产业实体或主导企业经济集团；二是作为地理空间上的活动区域，即增长空间；三是依附主导产业和增长空间的极化引力场。城市旅游业作为城市主导产业在城市经济发展中具有非常重要的地位，是城市经济发展的带动产业，它在城市经济中起着支配作用。旅游产业空间集聚是其作为城市主导产业在发展中形成的极化效应。城市旅游业作为城市主导产业，集聚了大量与旅游业直接或间接相关的产业实体，使得城市旅游流要素集中在作为城市主导产业的旅游核心区域周围，这样，城市旅游增长极便有了"推动"与"空间集聚"意义上的增长双重含义。旅游增长极极化引力场，则是旅游业作为主导产业形成的强大旅游吸引力及品牌效应，不断吸引着旅游者的到访，从而不断吸引旅游要素向旅游核心区域转移，形成一定的产业辐射力与周边旅游区域产生密切的联系，并促进周边地区旅游产业的发展，这是城市旅游增长极的带动作用。

王昆（2006）认为，增长极的极化引力场就是主导产业的区位关系，根据增长极原理，一定规模的主导企业，其区位关联度越大，增长极形成的可能性就越大；区位关联度决定增长极的形成基础和发展前景。如果作为城市主导型旅游产业由于区位关系不能与其他旅游区域（非主导型旅游产业区）产生有效的联系，则不能成为城市旅游增长极。因此城市旅游增长极的形成不仅需要实力强大的大型旅游企业存在，还需要大企业的区位选择合理，并在城市旅游发展空间中形成引力场，从而对相关产业起到带动作用，否则只能是城市旅游发展的"飞地"。

2. 城市旅游主导产业是否具有创新力对城市旅游增长极的形成具有重要影响

在城市旅游快速发展的过程中，为了满足不断增长的城市旅游需求，具有较大接待能力的大型旅游企业在旅游资源与旅游区位优势区域布局，并成为城市旅游增长极，不断吸引旅游资金、劳动力、旅游者等向增长极集聚。同时，由于旅游增长极的资源空间有限与旅游竞争越来越激烈等因素，使城市旅游增长极不断向城市旅游边缘区扩散。这种扩散效应是否能有效推动城市旅游的发展，关键在于城市旅游主导产业是否具有持续的创新力。作为城市旅游主导产业，尤其是人文旅游景区（点）及旅游饭店等城市旅游主导产业只有不断创新，才能持续保持产品的吸引力及在区域中的旅游竞争力。因此，城市主导旅游产业只有具有持续创新的能力，才能成为有效推动城市旅游发展的增长极。

3. 城市旅游主导产业良好的发展环境是城市旅游增长极形成的重要前提

大型推动型旅游主导产业是基础。只有具有良好的区位环境与增长极发展平台，才能使推动型旅游主导产业发展成为城市旅游增长极。良好的城市旅游发展环境，对吸引旅游资金进行企业扩张、保障旅游发展用地、旅游产业空间集群化发展、降低旅游成本、旅游产业联合发展、旅游品牌构建等具有积极的推动作用。主导性城市旅游产业的空间区位是否优越，直接影响着推动性大型旅游企业是否能够成为城市旅游增长极。这种优越的空间区位包括优越的社会经济文化区位、旅游客源区位、旅游基础设施、与其他旅游区域的空间关联度、旅游人力资源条件、旅游行政管理与服务环境等。

三　持续增长的城市旅游需求是山东半岛旅游圈城市旅游增长极形成的直接推动力量

旅游需求结构随着居民可自由支配收入的变化而变化。这个变化是旅游产业结构发生变化，也是旅游空间结构发生变化的直接动因之一。随着居民收入的提高，其消费结构与消费理念发生了重要改变，需求结构也由低层次的生理需求与安全需求转向如社交需求、自尊需求与自我实现需求等更高层次的需求。旅游产业作为一种主要满足人们精神消费需求的高层次需求产业，有助于人们实现这些需求。2001—2008 年，中国国内生产总值与国内旅游收入的相关度高达 0.849，达到 0.05 水平上的显著相关。旅游产品作为一种体验性需求产品受国民经济发展水平与人们可自由支配收入水平的影响较大。居民可自由支配收入的变化将对城市旅游增长极的形成产生重要影响。按照马斯洛的需求层次理论，人的需求总是由低级向高级呈上升的趋势，高级需求的出现总是以低级需求的满足为条件的。一个人只有当低级的需求得到满足后，追求高一级的需求才会成为推动行为的动力。马斯洛认为，低级需求（生理、安全）可以通过外部条件得到满足，高级需求（社交、自尊、自我实现）是从内部使人得到满足，而且越是得到满足，就越有激励作用。人们需求结构的升级变化促进了城市旅游增长极的形成。笔者根据卞显红等的观点把人们需求的变化层次根据可自由支配收入变化情况分为低收入阶段、中等收入阶段、高收入阶段，并按照每个收入阶段人们的需求特征变化阐释其对城市旅游增长极形成的影响（见表 3-10）。

表 3 – 10   不同收入阶段人们的需求特征变化对
城市旅游增长极形成的影响

收入阶段	旅游需求特征	对城市旅游增长极形成的影响
低收入阶段	对旅游的总体需求水平较低，旅游消费水平较低，比较注重城市与城郊等短途观光旅游，对度假旅游的需求较低，对中高等级旅游设施的使用率较低，旅游消费理念强调实惠低廉，对价格非常敏感，对旅游服务质量与设备质量要求不高	居民注重生理需求，对城市自然与商业游憩的需求所占比重较大。对城郊旅游区、城市公园与城市游憩商业区等开发与建设影响较大。旅游需求水平低，可以满足大量旅游需求的城市旅游增长极还未形成
中等收入阶段	比较偏爱中短程观光旅游、城市及环境旅游带度假休闲游；是旅游消费需求的主力军；旅游消费水平中等；比较偏爱中高档旅游设施；对远程旅游消费与出国旅游消费有需求，但不高；旅游消费理念注重价格适中，设施设备等级适中，注重旅游目的地与旅游设施的品牌与形象，攀比心理较强	居民的需求较大，在客观上促进了城市旅游的发展，使城市旅游产生集聚现象；城市核心区已形成比较明显的城市旅游增长极。城市旅游供给已不能满足日益增长的旅游需求，随着旅游交通等基础设施的完善，环城市带的旅游资源得到一定程度的开发，环城游憩带空间结构开始形成，促进了旅游产业在城郊产生集聚，并形成城市边缘区旅游增长极
高收入阶段	自驾游日益成为时尚，注重高水准的度假旅游，出国旅游日益成为时尚，旅游消费水平较高，注重炫耀性旅游消费，对高等级的旅游设施使用率很高，旅游消费理念注重享受与奢侈，对价格不敏感，对旅游服务质量与设施设备要求很高	居民注重对精神生活、生活质量与生活环境的追求，开始步入"追求时尚与个性"的需求阶段。旅游需求日益提高，旅游供给小于旅游需求，城市旅游产业（主题公园、饭店、度假区等）集聚更加明显，城市旅游多中心网络状空间结构形成。城市旅游增长极数量较多，不同类型的城市旅游增长极空间相互作用，形成旅游产业空间集聚区（群）

从理论上分析，尽管旅游发展水平与旅游资源结构是影响城市旅游增长极形成的直接因素，但旅游需求结构却是影响城市旅游增长极形成的重要原动力因素。城市旅游需求包括居民的游憩需求、旅游投资需求、政府对经济增长的需求、海外旅游者的需求等。旅游需求的变化将

直接影响旅游供给结构。旅游供给又涉及旅游资源开发、旅游项目建设、旅游行政管理、旅游产业配套、境外的旅游供给等方面。旅游景区（点）、旅游饭店、旅游交通等旅游基础设施与接待设施的兴建导致旅游产业结构的变化，并直接影响城市旅游增长极的形成。城市旅游增长极的时空变化又会影响旅游需求结构与旅游供给结构。这样，旅游需求结构、旅游供给结构、旅游产业结构与旅游增长极形成了彼此相互作用的关系，且旅游需求结构无疑成了影响城市旅游增长极形成的原动力因素（见图3－1）。

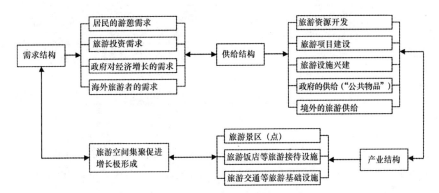

图3－1　城市旅游需求结构：影响城市旅游需求增长极的原动力因素

四　城市旅游发展存在空间差异与极化是山东半岛旅游圈城市旅游增长极形成的重要机制

任何一个具有较高收入水平的经济都是由一个或几个区域实力中心发展起来的，在发展过程中，增长点或增长极出现的必要性意味着增长的区域间的不平等是增长本身不可避免的伴生物和条件；在经济发展的初期，非均衡过程即区域发展差异的扩大是经济发展的必要条件，当经济发展到一定水平之后，均衡过程即区域发展差异的缩小又构成经济增长的必要条件。城市旅游增长极的形成是与区域城市旅游发展存在的空间差异与极化效应密不可分的。

（一）山东半岛城市旅游发展差异变化的空间特征分析

为了定量测度山东半岛城市旅游发展空间差异的总体水平，笔者借鉴旅游经济差异方面的研究成果，将山东半岛 10 市作为研究的区域单元，以国内旅游收入作为测度旅游发展空间差异的总体指标，用标准差（S_t）和离差系数（V_t）分别代表绝对差异和相对差异。

$$S_t = \left[\sum_{i=1}^{N} (Y_{ti} - Y_t)^2 / N \right]^{1/2} \tag{3-4}$$

$$V_t = \frac{S_t}{Y_t} \tag{3-5}$$

表 3-11   2000—2008 年山东半岛城市旅游绝对差异与相对差异

	2000	2001	2002	2003	2004	2005	2006	2007	2008
绝对差异	75.25	85.37	98.35	110.20	121.51	127.17	140.27	159.25	173.52
相对差异	1.43	1.14	1.30	1.12	1.15	1.01	1.28	1.11	1.08

公式（3-4）与公式（3-5）中 Y_{ti} 为第 i 城市的国内旅游收入，$N=10$，Y_t 为山东半岛各城市国内旅游收入的均值。表 3-11 是根据公式（3-4）与公式（3-5）计算出的 2000—2008 年山东半岛城市旅游绝对差异与相对差异。根据表 3-11 的分析，2000—2008 年，山东 10 城市的旅游发展绝对差异逐年增大，存在两极分化的现象，呈现出强者越来越强，弱者越来越弱的发展趋势，但总体上其相对发展差异逐年缩小。这主要是因为随着烟台、济南、济宁、威海等城市旅游发展实力的逐渐增强，以青岛为单一极核的城市旅游发展空间格局逐渐由青岛、烟台、济南等多极核的城市旅游发展空间格局所替代，山东半岛城市旅游发展总体差异趋向弱化。随着山东半岛城市旅游空间合作进程的深入，区域旅游和谐发展将是一种重要的区域旅游发展战略，空间差异将会逐渐缩小。

（二）山东半岛城市旅游发展极化指数测度

伊斯特班和瑞伊 1994 年提出了一种区域极化的测度理论，并在此基础上，推演出适用于测度收入和财富分布极化的度量方法，被称为 Esteban-Ray 指数（简称 E-R 指数）；华夫逊也于 1994 年在洛伦兹曲线

的基础上推演出收入和财富分布极化的测度方法，被称为 Wolfson 指数
（简称 W 指数）；崔启源和王有庆（Tsui Kai-yuen & WangYou-qing）在
Wolfson 指数的基础上，利用增加的两极化与增加的扩散两个部分排序
公理推导出一组新的极化测度指数，被称为 Tsui-Wang 指数（简称 TW
指数）。

卞显红在 E-R 与 Tsui-Wang 指数的基础上，推演出城市旅游极化指
数（TP），笔者借鉴其极化指数的公式：

$$TP = \frac{\theta}{N} \sum_{i=1}^{k} \pi_i \frac{r_i - m}{m}^r$$

式中，N 为山东半岛总人数；π_i 为各城市的人口；$k = 10$；r_i 为各城
市国内旅游收入；m 为山东半岛各城市国内旅游收入的均值；θ 为正的常
数标量；$r \in (0, 1)$，在此取 $\theta = 1$，$r = 0.5$。该城市旅游极化指数的值
域范围处于 0（无极化）和 1（完全两极分化）之间，越接近 1，山东半
岛城市旅游极化现象就越突出。笔者采用 2000—2008 年统计数据（相应
年份的《山东统计年鉴》《中国城市统计年鉴》《山东旅游统计年鉴》
等），得出 9 年间山东半岛城市旅游极化指数如表 3 - 12 所示。

表 3 - 12　　　　　2000—2008 年山东半岛城市旅游极化指数

	2000	2001	2002	2003	2004	2005	2006	2007	2008
TP	0.91242	0.92743	0.95053	0.92471	0.96257	0.94354	0.92854	0.97411	0.96254

从表 3 - 12 可以看出：山东半岛城市旅游空间极化指数在 2000—
2008 年里最大值为 0.97411，最小为 0.91242，山东半岛城市旅游发展
空间极化作用很强。城市旅游空间高度极化发展的趋势促进了山东半岛
城市旅游增长极的形成。

（三）城市旅游发展的极化效应对城市旅游增长极形成的影响机制
分析

在新古典理论中，经济过程偏离了均衡会重新回到均衡状态，缪尔
达尔（G. Myrdal）则认为，最初的偏离所产生的影响作用会使这种偏

离得到强化，这一过程不会再回到均衡状态，只会强化非均衡状态。因此，积极或消极方向的刺激会随着时间的推移累积起来而形成固定的发展差距，这种发展差距不会通过区域间的相互作用实现均衡，继而产生区域发展的极化。城市旅游发展极化效应是指城市旅游增长极的推动性旅游产业吸引和拉动着周围地区的旅游要素和旅游经济活动不断趋向城市旅游增长极，从而加快城市旅游增长极自身的成长；是指迅速增长的城市旅游产业作为城市支柱性产业，引起了其他活动都集中于这一产业，与此同时，旅游经济活动在某一地理位置集中，资源技术、信息、资金、配套的产业也都被吸引到这里而形成的旅游业地理集中。

笔者借鉴盛志鹏、迈夫（2005）对区域经济极化效应的研究成果，就极化效应对城市旅游增长极形成的影响机制进行了分析：（1）城市旅游产业集聚力会导致城市旅游的极化现象。在城市旅游产业集聚过程中，区域内（或区域外）的旅游资源、旅游流、旅游企业等旅游经济要素将不断向城市旅游优势区位移动，于是就形成了城市旅游增长极或增长中心。（2）城市旅游发展极化效应将加剧城市经济发展的空间差异与不平衡。在集聚引力的作用下，区域内部会产生城市旅游核心与边缘的分化过程，产生旅游经济活动在空间分布上的密集与稀疏现象，区域内部因此会出现城市旅游发展空间差异和不平衡。旅游空间不平衡发展会导致城市旅游空间集聚区域及旅游核心区域的出现，并逐渐演化为城市旅游增长极。（3）城市旅游发展极化效应还能够引发和加剧城市旅游经济发达地区与落后地区、城市旅游区与乡村旅游区、城市旅游空间集群区与一般旅游区域之间形成发展关系上的"马太效应"，即强者恒强，弱者恒弱。这对城市旅游增长极的形成具有重要影响。（4）城市旅游发展极化效应会引发规模经济效应，使得旅游极化区域的旅游实力更为强大，在未达到集聚经济的边界时，其极化效应更强，从而形成城市旅游增长极。

五 城市旅游发展的政府主导作用：山东半岛城市旅游增长极形成的积极推动力量

政府在城市旅游增长极形成过程中的作用非常明显。旅游增长极的形成在起步阶段政府必须实行主导与扶持的发展战略。政府的力量对推动城市旅游增长极形成的作用体现在以下几个方面。

（一）政府通过城市旅游规划对城市旅游增长极的形成产生影响

城市旅游规划会对不同尺度范围内的城市旅游发展重点区域、重点节点、重点发展轴线进行确认与规划，会对不同尺度范围内的城市旅游发展进行功能分区，并对城市旅游业的空间布局进行规划与调整。城市旅游规划通过对城市旅游发展规律的认识，结合该城市的旅游资源与旅游设施分布状况、旅游者空间行为规律、土地利用状况等对城市旅游空间结构进行重组。城市旅游空间集聚区是一种典型的由城市旅游规划而划出的旅游产业集中分布区。政府通过对各种旅游步行街、各种旅游特色街区、中央商务区（Central Business District，CBD）、城市旅游资源集聚区、城市新兴主题公园集聚区、城市新兴旅游开发区等的规划形成不同性质与等级的城市旅游商业区及城市旅游区，继而形成城市旅游增长极。

（二）政府通过旅游交通等基础设施的兴建对城市旅游增长极的形成产生影响

城市旅游发展，尤其是环城市带的旅游发展与城市旅游交通基础设施密切相关。政府通过环城市带高等级公路、向城市郊区延伸的轨道交通等基础设施的兴建，大大改善环城市地带的旅游交通状况，使一些具有一定旅游资源基础的环城市带区域开发形成城市旅游重要节点。城市旅游交通基础设施的改善，不仅提高了环城市地带旅游节点的可达性，也增加了城市居民对环城市地带的游憩需求。环城市地带具有旅游开发条件的区域逐渐被开发成为新兴的环城市旅游区，如环城主题公园旅游区、环城旅游度假区、环城游憩观光区等。这些环城市旅游区的兴建改变了城市旅游的空间结构，使多极、多中心的城市旅游空间结构得以形成。城市旅游交通基础设施的兴建也将使城市旅游空间结构的形状发生改变及原有的格局得以重组与优化。对于旅游城市，旅游交通基础设施是其旅游空间结构形成的基础力量之一。

城市旅游交通条件的改进过程直接导致城市旅游空间内部组织结构的变化和外部具体形态的演化，其本身亦成为城市旅游空间形态的要素之一。现代快速城市旅游交通（如高速公路、高速铁路、航空等）则赋予城市及其所在区域更为灵活的变化并产生了许多新的城市旅游空间现象。现代城市旅游交通条件演化的主要趋势是长途化、综合化、快速化、舒适化。城市旅游交通的变化对城市旅游空间的演化有着持续和重大的影响，不但直接影响城市旅游空间的扩散形态，而且不断改变城市旅游的区位条件和作用范围。在城市旅游发展非优区内，快速城市旅游交通系统的建设有可能使城市旅游发达区域对旅游非优区的袭夺效应减弱，从而使旅游非优区的旅游得以较大发展。在城市旅游空间里，一个有效的城市旅游交通系统的建设将是在适当的时间、地点，以适当的方式与城市旅游景点开发布局总体态势相耦合。

城市旅游交通基础设施对城市旅游空间结构形态改变产生影响的重要表现特征之一，是使原来处于相对劣势的区位成为城市旅游发展的优势区位，继而促进新的城市旅游增长极的形成。森和锦见（Mori & Nishikimi，2002）对交通密度经济与产业集聚进行了分析。借鉴该研究成果，我们认为，城市旅游交通可达性的增强将吸引越来越多的旅游者前往某一旅游目的地，继而能够带来旅游交通规模经济；旅游交通规模经济的获取一方面降低了旅游者的出行成本，另一方面能够吸引旅游企业在拥有交通可达性强与交通规模经济大的区位进行布局；旅游交通网络的空间结构与旅游企业空间区位选择是相互依存的，旅游交通网络空间结构会影响旅游企业的空间区位选择。另外，旅游企业的空间区位选择，如选择在旅游交通区位优越的地区布局也将进一步促进旅游交通规模经济的获取，继而促进旅游产业空间集聚并促进城市旅游增长极的形成。我们借鉴巴尼斯特和贝雷奇曼（Banister & Berechman，2001）的研究成果，分析了旅游交通基础设施投资对城市旅游增长极形成的影响机制（见图 3 - 2 ）。

（三）政府通过新城区的建设对城市旅游增长极的形成产生影响

城市新城区的建设使城市旅游基础设施，尤其是旅游交通基础设施得到改善，使新城区内的旅游资源得到进一步开发，旅游接待设施得到兴建。新城区建设使新的 CBD 得以兴建。为了满足当地居民与旅游者的游憩需求，CBD 进而演化为游憩商业区（Central Recreational Business District，RBD）。新城区建设促进了新的城市旅游区的兴建，继而形成新的城市旅游增长极，该旅游增长极会带动其周边区域的旅游发展。

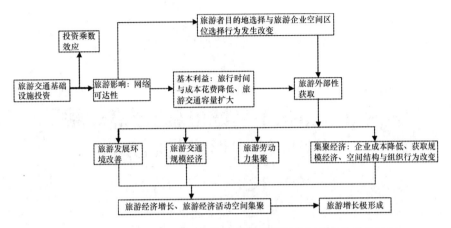

图 3 - 2 旅游交通基础设施投资对城市旅游增长极形成的影响机制

（四）政府通过大型旅游项目的建设与相关旅游扶持政策的制定对城市旅游增长极的形成产生影响

城市大型旅游项目的建设，尤其是大型主题公园的建设对一个城市旅游空间结构的改变及其形成会产生重大影响。城市旅游增长极的形成需要政府对大型旅游项目的建设提供大力支持，如在旅游增长极的用地、旅游资金扶持、旅游投资优惠政策、旅游产业调整等方面提供大力支持，培育并促进城市旅游增长极的形成与发展。

第四章　山东半岛城市旅游"点—轴"空间结构形成机制分析

第一节　旅游"点—轴"渐进扩散与旅游发展轴线基础理论

一　研究说明

"点—轴渐进扩散"理论自 1984 年由中国经济地理工作者陆大道先生提出至今，已有二十多年时间。陆大道（1995）对"点—轴"空间结构系统进行了分析，并认为该模式是在大量的区域发展经验基础上总结形成的，是普遍规律。旅游业作为现代区域经济发展的一种重要产业，也基本遵循着区域发展的"点—轴"渐进扩散规律。卞显红把区域旅游业发展也遵循这种"点—轴"渐进扩散规律称为旅游"点—轴"渐进扩散规律，并把这种规律上升为一种理论——旅游"点—轴"渐进扩散理论来进行研究。

笔者在第三章中对城市旅游增长极的形成机制进行了分析。城市旅游增长极、城市旅游核心区与城市旅游边缘区是城市旅游发展的重要集聚与扩散区域，它们所蕴含的城市旅游发展力量需要沿着通达性较强的旅游发展通道扩散，而旅游交通通道作为城市旅游要素流动最为便捷的通道，也往往是城市旅游要素扩散的通道。城市旅游空间结构的形成与演化具有以主要旅游交通干线为扩散轴的特征，其空间结构的拓展方向一般表现为城市旅游增长极、城市旅游核心区域、城市旅游边缘区域的旅游要素沿旅游交通轴线或两条旅游交通轴线之间的两个轴向进行。城市旅游空间结构的形成和演化的具体过程将是城市旅游"点—轴"空间结构模式。

二　旅游"点—轴"渐进扩散理论的基本要点

旅游"点—轴系统"模型，是旅游经济客体经过较长时间发展而形成的空间结构形态，阐述这种模式的形成过程、机制及其特点、应用等，是旅游"点—轴系统"理论的主要内容。该理论的核心是旅游经济客体大都在旅游节点上集聚，通过旅游交通线路与旅游线路连成一个有机的旅游空间结构体系。旅游"点—轴"渐进扩散理论的理论要点如下。

（一）旅游"点—轴系统"中的"点"与"轴"界定

旅游"点—轴系统"中的"点"指旅游节点，包括旅游景区（点）等旅游吸引物聚集体、旅游饭店等旅游接待设施、旅游城镇等旅游实体要素。旅游节点是各级旅游区域的集聚点，也是带动各级区域旅游发展的旅游中心地。"点—轴系统"中的"轴"，是在一定方向上联结若干不同级别的旅游中心节点而形成的旅游资源开发较为密集、旅游基础设施较为完善、旅游接待设施分布较为集中的旅游产业密集带；旅游轴线及其附近地区一般具有较强的旅游经济实力，并且还有较大的旅游发展潜力，因此又可将其称作"旅游开发轴线"或"旅游发展轴线"。旅游发展轴线是区域旅游设施、旅游景区（点）等旅游节点分布的集中地带。根据空间相互作用原理，该地带对周围旅游区域存在一个"力场"，会产生旅游吸引作用。轴线附近的旅游经济客体则会产生一个向心力，这个力不仅指向轴线上的一个旅游节点，而且是若干个旅游节点或旅游线。在平面上旅游发展轴可以被解剖为三个部分：（1）旅游交通基础设施、旅游线路、海岸、大江、大河、湖泊等水线。这些是旅游发展轴线的神经和脉络，是旅游活动得以开展与旅游空间规划布局的基础。（2）旅游发展轴的主体部分。一般来说，直接处于旅游交通线路、旅游线路、水线等上的旅游节点是旅游"点—轴"系统的主要组成部分。这里旅游发展轴线的宽度是指以旅游发展轴线为中心线，以主要旅游节点所组成的连线为边界线的区域。（3）旅游发展轴线的直接吸引范围。旅游发展轴的直接吸引范围是发展轴上所有旅游节点的直接吸引范围。

（二）区域旅游地域空间组织的演变过程与旅游经济发展水平相关

在旅游发展水平非常低下、发展极端缓慢的阶段，旅游节点是均匀分布的，或者说，旅游业还没有形成一种产业（见图4-1）。到区域旅游发展的初期阶段，首先在旅游资源丰富，旅游区位条件优越的地方，出现旅游景区（点），或旅游城镇等旅游节点，并在它们（A与B）之间（如果只出现一个旅游节点，那么就在这个旅游节点与最近的旅游中心地之间）建设了旅游交通线，或联结成了一条旅游线路，以满足旅游者出行游览的需要（见图4-lb）。随着A与B旅游节点的发展壮大，A与B周边地区或之间的旅游资源得到进一步开发，旅游基础设施与旅游接待设施得到进一步发展，旅游节点数量增多，出现C、D、E、F、G等旅游节点并根据旅游节点的旅游发展水平，旅游节点开始逐渐出现层次与等级。同时，C、D、E、F、G、H等旅游节点处出现新的聚集，旅游线得到进一步延伸与扩展。A-H-B-C沿线成为旅游资源条件较好，旅游基础设施与接待设施较好的优势发展轴线（见图4-lc）。由于集聚经济与规模经济的作用，A与B旅游节点将形成更大的集聚，C、D、E、F、G、H等旅游节点将成为新的集聚中心。同时，A、B、H、C等旅游节点各自还会出现另一方向的第二级旅游发展轴线，然后，第二级轴线上的旅游节点又会出现第三级旅游发展轴线，构成旅游增长极、旅游中心地与旅游发展轴系统（见图4-ld）。这种模式不断演变下去，整个旅游区域将形成由不同等级的旅游节点和不同等级的旅游发展轴线组成的、以旅游"点—轴系统"为标志的区域旅游空间结构。

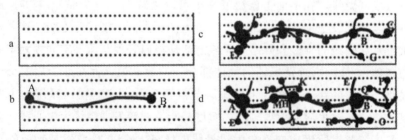

图4-1　区域旅游"点—轴"空间结构系统及空间规划布局模式

资料来源：陆大道：《区域发展及其空间结构》，科学出版社1995年版。作者引用时有修改。

三 旅游"点—轴"开发模式对区域旅游发展的重要意义

结合石培基、李国柱（2003）对"点—轴"系统理论在旅游学中应用价值方面的研究成果及陆大道（1995，2001，2002）、陆玉麒（1998，2002）的研究成果，本书认为，区域旅游"点—轴"开发模式对区域旅游发展的重要意义主要体现在以下 5 个方面。

1. 旅游"点—轴"开发模式能够充分发挥各级旅游中心城镇与重点旅游景区（点）的作用。旅游"点—轴"开发模式突出了旅游城镇与重点旅游景区（点）的地位和作用，旅游"点—轴"渐进式扩散对区域旅游增长的推动作用又比单纯的旅游点状开发方式要强。因为旅游"点—轴"开发实际上是一种旅游地带开发，注重旅游发展轴线上的重点旅游节点的开发，也注重重点旅游节点的旅游轴线的建设与培育。旅游"点—轴"开发，在旅游空间结构上是旅游节点和旅游带的统一，旅游点与旅游面的结合，基本上呈现出一种旅游网络的趋势。旅游"点—轴"开发模式，可以充分发挥旅游中心节点（主要是旅游城镇与重点旅游景区）在旅游带发展中的带动作用，充分发挥整体旅游资源优势，整合旅游资源开发与旅游设施建设，使整个旅游区域面向旅游网络系统发展。石培基、李国柱（2003）认为，城市不仅是重要的旅游目的地、客源地，还是联系旅游主体（旅游者）和旅游客体（旅游吸引物），使旅游活动得以顺利完成的重要媒介与条件；要实现区域旅游的全面发展，就必须把各级中心城市作为不同等级的开发重点，发挥城市对区域旅游整体发展所具有的巨大的关联带动作用。

2. 有利于发挥旅游集聚经济的效果。由旅游节点到旅游发展轴，再到旅游聚集区（旅游圈状空间结构）的旅游空间结构是旅游空间组织变化的客观趋势。旅游"点—轴"开发模式顺应了旅游发展在空间上集聚成旅游节点，并沿旅游发展轴线渐进扩展的客观要求，有利于发挥集聚经济的效果。

3. 有利于旅游空间规划布局与线状旅游基础设施之间最佳的旅游空间结合。旅游"点—轴系统"反映了旅游空间结构的客观规律，按照旅游"点—轴系统"开发模式组织区域旅游开发，可以科学地处理好集中与分散、公平与效益、从不平衡发展到较为平衡发展之间的关系。石培基、李国柱（2003）认为，一个地区在旅游开发初期，旅游发展水平是不平衡的，随着开发进程的延伸（轴线和"点"的延伸），"点"和轴线的等级差异变小，相对均衡的状态开始形成，即由"点"到"线"再到"面"的空间开发和发展状态的形成，从而实现区域旅游的最佳发展。石培基、李国柱（2003）认为，"点—轴开发"最适用于旅游资源丰富、旅游业有所发展但发展程度不高、旅游开发的空间结构还不完善的地区，特别是区内中心城市作用重大，又有交通干线与之相连，并与外界相通的地区。旅游"点—轴"开发模式有利于把区域旅游开发活动，尤其是区域重点旅游资源的开发、区域旅游设施的空间规划布局、区域旅游线路的开发与培育等与旅游交通线路、水轴线等区域旅游发展轴线紧密结合为有机整体，使旅游空间规划布局与线状旅游基础设施的发展相融合，统一规划，同步建设，协调发展，互相配套，避免旅游发展实践中出现时空的相互脱节现象。

4. 有利于区域旅游开放式发展，提高区域旅游的可达性。旅游"点—轴"开发模式有利于旅游空间要素（旅游者流、旅游信息流、旅游资金流、旅游物流等）的自由流动，使区域旅游实现开放式发展。旅游"点—轴"开发模式中的旅游节点，一般都是旅游交通线的交会点，或者是旅游网络节点，具有较高的旅游可达性，因而往往会成为区域旅游开发的优选区位。它的发展又会在离心力的作用下，通过旅游线状基础设施和旅游网络，将旅游者流等旅游空间要素向四周扩散，从而带动整个区域的旅游发展。石培基、李国柱（2003）认为，"点—轴系统"理论提供了提高区域可达性的有效途径，即在区域内建立"点—轴"空间结构系统。在具备完善的"点—轴"空间结构系统的情况下，要想进入本区域，可以利用干线直接到达区域的中心，然后在合理衔接过程中实现一次或多次中转，从而使整个区域可达性最大；同理，从一个区域内任何一点到其他区域中心的可达性，也可在"点—轴"空间结构系统中达到最大。

5. 旅游"点—轴"系统理论对区域旅游规划具有重要的指导价值。笔者根据旅游"点—轴"系统理论，对山东半岛旅游规划的制定提出如下要求：（1）在山东半岛城市旅游区域内，确定若干具有发展条件的大区域间、省区间及地级市间旅游线状基础设施轴线，对旅游发展轴线地带，特别是旅游中心节点予以重点发展，对位于旅游发展轴线地带直接吸引范围内的旅游资源予以优先开发。（2）随着山东半岛城市旅游实力的不断增强，旅游开发的注意力应越来越多地放在级别较低的旅游发展轴线和旅游发展中心节点上。与此同时，旅游发展轴线逐渐向城市远郊的乡村地带（旅游边缘区域）延伸，将具有一定旅游资源条件的非旅游中心区域确定为级别较低的旅游发展中心，规划新的旅游发展中心。（3）在旅游中心城市相适宜的距离上，选择旅游资源条件较好的点作为次级旅游发展中心，或选择区位较好的点（适宜主题公园等人造旅游景点兴建的点）作为次级旅游发展中心。一级旅游中心与二级旅游中心在旅游市场联合营销、旅游资源与产品联合开发、旅游线路联合设计、旅游形象联合塑造与宣传等方面加强合作。同理，围绕次级旅游发展中心，也可以培育三级、四级旅游发展中心。

四　城市旅游发展轴线的基本概念

卞显红、王苏洁（2006）对旅游"点—轴系统"中的"轴"进行了界定。中国学者对旅游发展轴的研究较少，他们更多地对旅游带、环城游憩带等进行了研究。旅游带是在依托一定的旅游发展轴线（旅游交通发展轴线是指河流、湖泊、海洋等岸线形成的水轴线）基础上，旅游资源沿该旅游发展轴线呈带状分布，旅游基础设施与接待设施也主要沿该旅游发展轴线呈带状分布。旅游带一般是旅游资源集聚区或适合发展主题公园及旅游度假区的旅游优势区域。旅游带是尚未形成的旅游"点—轴"空间结构，但基本上具备旅游"点—轴"空间结构形态特征。旅游发展轴线是旅游带形成的基础。笔者借鉴旅游"点—轴"、旅游带相关研究成果及交通经济带方面的研究成果对城市旅游发展轴线的基本概念进行分析。

城市旅游发展轴线是以旅游交通通道或河流、湖泊、海洋等水轴线为基础形成的、以城市旅游交通发展轴线为主轴，以轴上与其紧密吸引域内的旅游城镇、旅游景区（点）等各类旅游节点为依托，通过沿轴线各旅游经济要素的空间相互作用与联系、空间竞争与合作，由旅游节点、旅游劳动力（旅游从业人员）、旅游流（旅游者流、旅游物流、旅游信息流等）、旅游投资等集聚而形成的辐射带状旅游空间经济系统。城市旅游交通发展轴线、沿线旅游节点系统、旅游要素流是城市旅游发展轴线的基本要素，其中城市旅游交通发展轴线是城市旅游发展轴线形成的主要空间形态，沿线旅游节点的空间集聚力与扩散力是城市旅游发展轴线形成的动力机制，旅游要素流是城市旅游发展轴线形成的空间作用媒介。

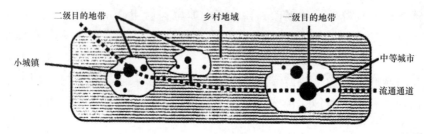

图4-2　乡村—城市目的地带

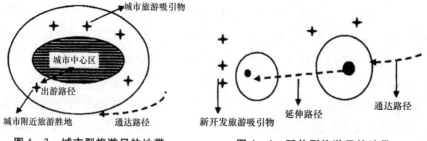

图4-3　城市型旅游目的地带　　　图4-4　延伸型旅游目的地带

　　旅游带是旅游发展轴线的典型形态。国外学者对旅游目的地带进行了一定的研究。冈恩（Gunn，2003）认为，目的地带包括主要的通道和入口、社区（包括吸引物和基础设施）、吸引物综合体、连接通道（吸引物综合体和社区之间的联系通道）等。冈恩（2003）构建了乡村—城市目的地带模式（见图4-2），认为主要城市及其周边乡村地区的协调合作能够带来多点的效果，游客通常会跨越各种行政边界线以寻求旅游吸引物和旅游服务。皮尔斯（Pearce，1993）在《今日旅游：地理上的分析》（*Tourism Today*：*A Geographical Analysis*）中用专门一章对海岸旅游带状空间结构进行了研究。摩洛哥（1993）对皮尔斯的地中海海岸旅游发展类型进行了分析，并认为沿海岸线旅游度假胜地呈"梳"状分布是典型的空间结构形态之一。这种"梳"状分布是一种典型的沿海岸线旅游"点—轴"带状空间结构形态。英基普（Inskeep，2004）把旅游带作为马耳他群岛旅游发展计划的重要规划内容。杨新军（1999）分析了冈恩的旅游目的地带（Tourism Destination Zone，TDZ）理论，认为结合旅游通道，TDZ 的空间形态可以演化出两种模式：城市型旅游目的地带（见图 4-3）和延伸型旅游目的地带（见图 4-4）。城市型旅游目的地带依托城市中心形成并逐步向外扩展；风景胜地型旅游地的开发往往在其周围形成并超越其本身空间的延伸地带，带动附近社区的旅游吸引物开发，从而形成延伸型旅游目的地带空间模式。

第二节　城市旅游"点—轴"空间结构形成机制分析

一　研究说明

旅游要素与生产力各要素相似，因在空间上相互吸引而集聚。邓冰、俞曦、吴必虎（2004）认为，旅游产业集聚为旅游核心吸引物、旅游企业及旅游相关的支持企业和部门，彼此存在密切的经济联系，在一定地域空间内集中并协同发展。由上文对区域旅游"点—轴"空间结构形成过程的分析可知，旅游要素布局在旅游节点上产生聚集，然后又由线状旅游基础设施、旅游线路与水线等联系在一起。旅游"点—轴"渐进扩散的结果，将形成旅游点——旅游轴——旅游集聚区（旅游圈）的空间结构。马勇、李玺等（2004）对此作了研究，认为区域旅游空间结构演化的一个更高阶段是旅游网状形态阶段。卞显红、王苏洁（2006）对"点—轴"渐进扩散理论及其在长江三角洲区域旅游空间结构研究中的应用进行了分析，并认为旅游节点空间相互吸引而集聚和扩散的作用机制会导致"点—轴"旅游空间结构的形成。曾菊新

（1996）、陆大道（1995）、陆玉麒（1998）等国内学者对"点—轴"空间结构及其形成机制进行了分析。

武伟、宋迎昌、朴寅星（1997）对铁路经济带与点轴开发及其结构系统进行了分析。董千里（1998）对高速公路"点—轴"型区域经济发展理论进行了研究。韩增林、杨荫凯、张文尝、尤飞（2000）对交通经济带的基础理论及其生命周期模式进行了研究。杨荫凯、韩增林（1999）对交通经济带的基本理论进行了探讨。韩增林、尤飞、张小军（2001）对高速公路经济带形成演化机制与布局规划方法进行了探讨。卞显红（2005）对旅游交通空间规划布局与旅游景点空间规划布局之间的关系进行了分析。关于城市旅游交通发展轴线对城市旅游发展轴线形成的影响，这方面的研究尚缺乏，在此，笔者主要借鉴交通经济带形成机制及点—轴空间结构形成机制方面的研究成果对该问题进行研究。

二　城市旅游节点系统的形成是城市旅游"点—轴"空间结构形成的基础

（一）重要旅游节点的存在

重要旅游节点是城市旅游发展轴形成的重要依托力量。旅游发展轴上的各个旅游节点是旅游发展轴带区域的各级旅游中心节点，它们是旅游发展轴线集聚作用和扩散作用的核心，是城市旅游"点—轴"空间结构系统中的节点。同一旅游发展轴线上的旅游节点有层次与等级之分。

重点旅游发展节点的选择通常从以下几个方面考虑：（1）旅游节点的旅游发展条件及其在区域旅游发展中的地位。根据各个旅游中心节点的区位、旅游资源质量与等级、旅游发展条件、社会经济条件等分析其在区域旅游空间系统中的主要旅游职能、旅游发展方向及在区内外的旅游地位与作用，明确各中心旅游节点的旅游吸引范围和辐射范围。重点旅游发展节点应是旅游地位重要，对旅游发展轴的形成和发展作用大，旅游吸引范围广的旅游节点。（2）旅游节点的旅游发展规模。从旅游节点的旅游资源质量与等级、主要旅游景区（点）的等级与规模、旅游城镇的等级与规模、旅游发展水平（旅游收入、旅游人次、旅游发展增长速度等方面衡量)、旅游接待设施的数量与等级等方面，分析各个旅游节点的发展趋势，明确旅游发展轴线上各个旅游节点的发展规模。在区域旅游发达地区，通常采用网络式旅游开发模式。旅游城市作为区域社会、经济、文化、教育与管理中心及旅游管理与集散中心，其城市旅游发展规模较大，吸引范围较广，旅游辐射力强。如果该旅游城市同时拥有国家级或世界级别的旅游资源，或大型主题公园，那往往可以选择这类旅游城市作为旅游发展的重要节点。旅游城市郊区或边缘地带，如果拥有大型国家级风景名胜区、全国重点文物保护单位、国家森林公园、国家自然保护区及世界自然与文化遗产地，那也可以作为区域重点旅游发展节点。在旅游发展水平比较落后的地区，需要培育新的旅游增长极，往往可以选择一些规模相对较大的旅游城镇、重点旅游景区（点）作为重点旅游发展节点，通过对它们的开发，带动旅游边缘区域的旅游发展。(3) 旅游节点空间分布的现状。旅游"点—轴"开发模式的实施，是从高级旅游发展轴线向次级旅游发展轴线及从高等级旅游城市向次级旅游城镇逐步展开的过程。因此，在确定重点旅游发展节点时，可根据旅游节点空间分布的现状，在与旅游中心城市相适宜的距离上，选择有较好旅游发展条件的旅游节点作为重点旅游发展节点，使其成为次级旅游发展中心。另外，根据旅游节点的空间分布现状，也可以充分运用旅游中心地理论选择重点旅游发展节点。高等级的旅游中心城市将对次级旅游中心城镇进行扩散并进行旅游合作。同理，围绕次级旅游中心节点，将选择三级乃至四级旅游中心城镇。在城市旅游"点—轴"空间结构中，各级旅游城镇、国家级与省级风景名胜区、国家级与省级文物保护单位、各级国家旅游区、世界自然与文化遗产地等都可以被视为重要旅游节点。

(二) 旅游节点的集聚与扩散

1. 旅游节点的集聚与扩散存在的客观性及其发展效应

在旅游空间经济活动中，不论是旅游景区（点），还是旅游饭店与旅行社，都存在着按地域集聚与扩散的两种客观趋势。集聚旨在提高集聚规模效应和协同效益，扩散可便利旅游消费者，减少旅游竞争强度。城市旅游节点的空间集聚与扩散主要基于以下影响因素：(1) 城市旅游资源空间分布的集中与分散。由于自然与人文因素，城市旅游资源在城市某一区域集聚分布及在整个城市区域分散分布的现象客观存在。城市旅游资源空间集聚区的旅游资源得以深度开发，旅游产业在此集聚，形成旅游节点空间集聚区。随着旅游业的发展，非旅游资源优势区域的旅游资源也得以实现一定程度的开发，城市旅游产业开始由旅游节点空间集聚区向非旅游资源优势区域扩散。（2）城市旅游区位存在差异。城市区位非常好的区域或由于交通便利，或由于滨江、滨山、临湖、临海而成为旅游发展的优势区域。这些区域可能会逐渐演化为城市主题公园空间集聚区、旅游度假区、城市自然或商业游憩空间集聚区等旅游节点空间集聚区。其他一些区位相对来说比较差的区域，随着旅游业的发展也会成为次级旅游节点空间集聚区。（3）城市旅游市场的分散。城市居民的游憩需求具有明显的空间距离衰减规律，另外，城市居民的居址是分散的，因此，城市旅游市场往往也是分散的。城市旅游节点的空间集聚使远离该集聚区的旅游消费者游憩成本增加，因此，城市旅游节点也要努力接近旅游消费者，总的趋势是空间集聚与扩散同时并存。（4）旅游资金的集聚与扩散。拥有资金较多的旅游企业自然会将其企业配置在较高层次的旅游节点上，因此带来旅游区位的集聚。而拥有资金较少的旅游企业为了避开旅游节点空间集聚区高昂的土地成本或缺乏足够的实力突破壁垒，进入旅游节点空间集聚区布局而在非集聚区布局，这样就形成了旅游节点的空间扩散。（5）城市旅游线路的合理空间组织需要旅游节点的适度集聚与扩散。城市旅游节点的过度分散不利于旅游者旅游效用的最大化，会增加旅游者的旅游交通成本和旅行时间花费，使旅游的时间花费比较高。旅游节点的适度集聚能减少旅游者的旅游交通成本和旅游产品搜寻成本。（6）城市旅游发展政策。城市旅游节点空间集聚区往往不是自然形成的，而是城市旅游规划的产物。在城市旅游发展中，城市旅游增长极的培育对促进城市旅游快速发展具有重要作用。选择城市旅游发展的最佳成功机会，在于培育一系列城市旅游增长中心（不同等级和类型的旅游节点），并为旅游增长中心的空间扩散创造条件。城市旅游规划中把城市适合旅游发展的区域列为城市旅游节点空间集聚发展区，在旅游用地、旅游基础设施建设、旅游政策扶持等方面对该区域进行培育，客观上促进了城市旅游节点的空间集聚发展。城市旅游规划一般也重视城市旅游的均衡发展，在城市旅游功能分区中对城市适合旅游发展的不同区域进行功能定位，以促进城市旅游节点在空间上的分散布局。

2. 城市旅游节点从集聚到分散的内在动因分析

在城市化起步早、城市化水平高的发达国家，先集中化后分散化的城市化空间分布与运行规律最为显著，因而城市旅游空间分布的变化，也呈现出先集聚后扩散的普遍规律。卞显红等从城市旅游节点运行的集聚经济因素和节点内部能量释放两个方面对城市旅游节点从集聚到分散的内在动因进行了分析：

（1）城市旅游需求增长快速使旅游业超常规快速发展。城市旅游需求的增加促进了旅游资源的开发和旅游项目的建设。城市旅游资源优势区与非优势区都得到开发，尤其是优势区得到过度开发而形成旅游节点空间集聚区，非优势区也得到一定程度的开发而使旅游节点空间扩散。

（2）旅游节点的空间集聚使旅游供给增加，满足了快速增长的城市旅游需求，而空间集聚也有利于节约旅游交通、通信、旅游市场营销、品牌宣传等旅游基础设施建设成本和旅游运营成本，进而减少旅游企业产品的生产成本和旅游者的交通成本、旅游者的产品搜寻成本和旅游产品购买风险，有利于提高区域旅游整体竞争力。旅游节点的空间集聚能产生集聚经济和规模经济。

（3）旅游节点的空间过度集聚会引致旅游资源过度开发和破坏、旅游用地紧张与地租增加、旅游市场竞争加剧、旅游生态环境破坏和旅游环境污染、旅游者体验质量和旅游区域环境质量下降等集聚不经济。为了改变这种集聚不经济状况，旅游厂商开始向其他具有良好旅游发展区位的区域拓展空间。

（4）科学技术，尤其是交通技术的快速发展使城市高速交通干线、城市轨道交通得以兴建，城市旅游发展的区位差异逐渐缩小，旅游发展开始向城市边缘区拓展。城市旅游节点由在少数优势区位的集聚发展到在整个区域的分散发展。

（5）具有相当规模的城市旅游节点空间集聚区拥有一定的旅游经济能量。城市旅游空间运行的过程也可被视为一种能量释放的过程。这种过程表现为集聚——释放——再集聚——再释放的链式规律。城市旅游增长中心的能量释放有两种基本形式：一是对城市旅游经济腹地的能量辐射或传导；二是由这种辐射或传导所引起的旅游经济中心内部旅游经济结构的调整、更新与置换。前者的外向释放为旅游空间的扩散化发展；后者的内向释放表现为以集聚和增强"旅游经济能量源"，为再释放创造更强大的动力。城市旅游空间扩散是以空间集聚为基础的，集聚区的能量集聚与释放是一个连续不断的链式过程。这个过程的客观存在是旅游节点运行从空间集聚到空间扩散的内在动因。

（三）城市旅游节点系统的形成

某一特定区域存在着不同等级的旅游节点，如国家级与省级等不同等级的历史文化名城，国家级、省级等不同等级的风景名胜区，国家A—5A等不同等级的旅游区等。这些旅游节点在空间上相互关联，形成一种内在联系的系统。在这个系统内，一方面，高等级城市旅游节点，如旅游中心城市、国家级风景名胜区、世界遗产地等城市旅游发展的重要增长极，随着城市旅游业的发展，会沿着旅游经济联系通道成为城市旅游发展轴线。另一方面，城市旅游发展轴线上的这些重要节点是城市旅游发展的中心，履行着当旅游中心地职能。以这些旅游中心地为重要依托，一些次级旅游节点在其周围形成，并形成次级城市旅游发展轴线。城市旅游节点系统是城市旅游发展轴线形成的基础。城市旅游节点系统与城市旅游发展轴线的空间耦合形成了城市旅游"点—轴"空间结构系统。

三　旅游交通发展轴线的形成是城市旅游"点—轴"空间结构形成的必要条件

（一）重点旅游发展轴的选择

旅游区域内各个旅游节点是呈等级系统的，同理，联结旅游节点的旅游发展轴也是可以分为若干等级的。不同等级的旅游发展轴线对周围的区域具有不同强度的旅游吸引力和凝聚力。在区域旅游规划中运用旅游"点—轴"开发模式，分析和确定重点旅游发展轴是非常重要的。

区域内适合作为旅游发展轴的地带比较有限。一般来说，可以作为旅游发展轴的地带要重点开发。重点旅游发展轴线的选择，通常需要考虑的因素有：（1）最好由旅游中心城镇、国家级的风景名胜区、国家4A级旅游区、全国重点文物保护单位或其他具有重要旅游开发价值的旅游资源区等等级较高的旅游节点组成。区域旅游发展轴线不是旅游交通线，而是旅游资源等旅游吸引物聚集体集中分布的地带或走廊。一般来说，重点旅游发展轴是依托重点旅游交通线路或重要水运线路，串联重点旅游城市或旅游节点形成的。重点旅游发展轴上的重点旅游节点应有较强的旅游吸引力、集聚力和辐射力，是旅游资源优先开发、旅游设施优先布局、旅游者目的地优先选择的旅游要素集聚地带和旅游发展程度较高的地带。（2）以旅游交通运输干线（如高速公路、铁路等）与重要的水运线路（如长江、京杭大运河等）为依托。陆大道（1995）、陆玉麒（1998）等提出了水轴理论，认为由沿海、沿江构成的区域 T 型结构都属于水轴，并对水轴理论的提出依据进行了系统分析。陆大道（1995）对发展轴的结构与类型进行了系统分析，认为发展轴可分为沿海岸型、大河沿岸型、沿陆上交通干线型和复合型。旅游交通运输干线往往联结旅游中心城市和重点旅游节点，对促进旅游发展具有重要意义。沿海地带、沿大江大河地带往往是中心旅游城市与旅游资源密集分布地带。铁路、高速公路等旅游交通干线型旅游发展轴不同于沿海岸型、大河沿岸型旅游发展轴，它的线路是人为选择的结果。铁路等旅游交通运输干线主要通过旅游中心城市、重点旅游景区（点）等。铁路等旅游交通线路是区域旅游空间结构的基本骨架，旅游设施布局、旅游资源开发的注意力也往往集中在这些便利的旅游交通沿线地带。（3）旅游发展水平较高，或旅游资源丰度与等级较高的地带往往会发展成为重点旅游发展轴。

　　以上主要就旅游交通干线、水运干线作为重要的旅游发展轴对旅游节点布局的影响进行了论述。另外，某区域重要旅游资源的开发，比如重大考古发现、重点旅游景区（点）的开发等也会对旅游发展轴的形成产生一定的影响。在旅游发展水平较高的地带，随着旅游业的实力增强，旅游交通等基础设施逐步得以完善，旅游业发展也促进了当地产业链的形成与旅游城市化的出现。贵州的黄果树瀑布、张家界等区域的旅游发展历程也在一定程度上证明了这一点。

　　（二）城市旅游交通发展轴线是城市旅游"点—轴"空间结构形成的必要条件

　　城市旅游交通发展轴线是指以铁路、高速公路与水运等运输通道为中心形成的发展轴线。城市旅游发展轴线在空间上形成了城市旅游产业带。城市旅游发展轴线与城市交通发展轴线之间的关系是：（1）城市旅游发展轴线以线状旅游交通基础设施的存在及其发达、完善为基础；（2）沿城市旅游交通发展轴线的旅游城镇、重点旅游区是城市旅游发展轴线得以存在和发展的重要支点；（3）不同旅游发展中心（节点）之间的空间相互作用与相互联系维系并促进了城市旅游发展轴线的成长；（4）城市旅游发展轴线是旅游产业布局沿交通轴线形成的旅游产业带，在空间上呈带状分布，但在地域上可有间断性。

城市旅游资源开发与旅游项目建设要解决可达性问题。旅游交通基础设施的建设是城市旅游资源开发与旅游项目建设的重要条件。旅游交通基础设施的建设使旅游交通发展轴线上或附近的高等级旅游资源得以优先开发或大型旅游项目（如主题公园等）得以建设，形成该旅游交通发展轴线上的旅游发展中心区域。该旅游中心区域具有旅游集聚与扩散功能，依托该旅游中心区域，沿旅游交通发展轴线上或附近的一些次级旅游资源或其他大中型旅游项目逐渐得以开发或建设。最初形成的城市旅游发展中心区域及其周边旅区区域沿旅游交通发展轴线形成旅游产业带，成为城市旅游发展的主轴。次级城市旅游发展中心的形成使旅游交通发展轴线得以延伸，形成二级旅游发展轴线。如此发展下去，将形成第三级、第四级旅游发展轴线。不同等级的城市旅游发展轴线使城市旅游系统得以逐步完善，继而形成城市旅游点—轴空间结构系统。

依据城市旅游交通发展轴线进行城市"点—轴"开发具有重大意义：（1）旅游资源开发及旅游项目建设要解决可达性问题。旅游交通发展轴线上或附近的旅游资源开发与旅游项目建设具有一定的优势。依据旅游节点开发旅游资源或建设旅游项目，并把旅游节点的建设与旅游交通等旅游发展的重要支柱有效结合成有机整体，实现旅游"点—轴"开发，是区域旅游发展的最佳模式之一。（2）城市旅游"点—轴"空间组织形式顺应了旅游经济发展必须在空间上由点集聚成块、成区，发挥集聚经济和规模经济效果的要求，有利于集中力量进行重点建设并发挥各级旅游中心城镇（旅游区）的作用，实现重点旅游区域带动整个区域旅游可持续均衡发展。（3）城市旅游交通发展轴线上的旅游节点因具有较高的旅游可达性而成为旅游发展的优势区域。这些旅游发展优势区域成为城市旅游发展的推动力量，在旅游扩散机制下带动整个城市旅游交通发展轴线上的旅游发展。（4）依据城市旅游交通发展轴线进行城市旅游"点—轴"开发，有利于各旅游节点之间的便捷联系，有利于实现空间竞争与合作，形成以旅游交通发展轴线为基本框架的城市旅游联合体。另外，旅游线路也是以旅游交通发展轴线为基本格局有效连接各旅游节点而形成的。以旅游交通发展轴线为基本格局形成的旅游线路有利于实现旅游者旅游效益的最大化。

城市旅游交通发展轴线成为城市旅游发展轴线的必要条件，在于其促进了城市旅游产业带的形成，带动了旅游交通发展轴线沿线地区旅游资源的开发与旅游项目的建设。但并非所有的交通发展轴线都能成为旅游发展轴线，这要具备下列条件：（1）旅游交通干线要连接不同等级的旅游城镇及重点旅游区；（2）旅游交通干线沿线地区的旅游资源丰富，具有开发潜力及较高的开发价值；（3）沿线地区旅游经济发达，具有一定的旅游集聚力与扩散力，能成为区域旅游发展的增长极与扩散极。

（三）城市旅游交通发展轴线对城市旅游"点—轴"空间结构形成的影响机制

城市旅游交通发展轴线的形成对城市旅游发展轴线形成的影响主要体现为：（1）城市旅游交通发展轴线是城市旅游业空间规划布局的基本框架，是城市旅游业进行空间联系的通道。城市旅游经济的空间规划布局受旅游交通发展轴线的影响与制约。（2）城市旅游交通发展轴线是规划的结果，在规划建设时有意识地把主要旅游城镇及重点旅游区有效结合，因此，城市旅游交通发展轴线的结构基本上反映了城市旅游"点—轴"空间结构的基本形态。（3）城市旅游交通发展轴线的等级一般会影响城市旅游发展轴线的等级，继而影响城市旅游"点—轴"空间结构系统的复杂性。

旅游交通基础设施建设促进了城市旅游交通轴线的形成，继而对旅游经济发展具有明显的促进作用。旅游发展水平的提高，客观上又要求进一步加强旅游交通基础设施的建设。旅游交通轴线与旅游发展轴线相互作用的结果，使得区域旅游经济空间结构发生了变化。旅游交通发展轴线的形成促进了重要旅游节点的发展与壮大，重要旅游节点的壮大成为区域旅游发展重要的增长极，带动了沿旅游交通发展轴线上旅游资源的开发与旅游项目的建设，形成了旅游发展轴线。旅游发展轴线与旅游节点系统的形成促进了区域旅游"点—轴"空间结构系统的形成。城市旅游交通发展轴线的形成对城市旅游"点—轴"空间结构形成的影响机制见图 4 - 5 所示。

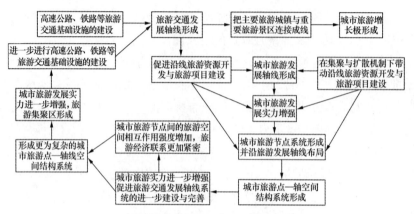

图 4 - 5　城市旅游交通发展轴线的形成对城市旅游
"点—轴"空间形成的影响机制

四　城市旅游发展水轴线与"点—轴"空间结构形成机制分析

从城市滨水区的发展史来看，城市滨水区的功能主要经历了以下演变：（1）运输功能；（2）生态廊道功能；（3）商务功能；（4）旅游、游憩功能。具有开阔水面的区域往往会成为旅游者和当地居民的休闲地域。滨水区满足了久居钢筋混凝土中的城市居民亲近自然的需要。因此，城市滨海、滨江、滨湖岸线具有旅游、游憩发展的重要潜能，往往是城市旅游发展的重点区域。

（一）滨海城市旅游发展轴线与"点—轴"空间结构形成机制

海岸带作为旅游发展的空间区域是一种自然形成的旅游发展轴线型空间结构。江苏和山东"十五"期间分别提出建设"海上苏东"和"海上山东"的设想；福建和海南分别提出建设"海上强省"和"海上大省"的战略。袁书琪、郑耀星（2002）提出了建设福建海洋旅游经济带的构想。卞显红、王苏洁（2006）构建了长江三角洲滨海旅游发展轴线。"十一五"期间，海南提出了建设国际旅游岛的宏伟目标，山东提出了建设半岛蓝色经济区的设想。

海岸线是形成旅游发展轴线的良好的地带。皮尔斯（Pearce，1995）在《今日旅游：地理上的分析》（*Tourism Today*: *A Geographical Analysis*）中对比利时海岸的旅游空间结构差异进行了分析，并对这种差异的形成机制进行了探讨。皮尔斯对摩洛哥地中海海岸旅游发展类型进行了分析，认为沿海岸线旅游度假胜地呈"梳"状分布是典型的空间结构形态之一。这种"梳"状分布是一种典型的沿海岸线旅游"点—轴"空间结构形态。

滨海城市旅游发展轴线与"点—轴"空间结构的形成机制主要体现为：

1. 中国东部沿海区域滨海型旅游城市众多，大连、青岛、上海、宁波、厦门等滨海城市旅游增长极的中心带动作用促进了城市滨海旅游发展轴线的形成。江苏苏北与苏中沿海旅游发展轴线是以连云港、盐城、南通3个地级城市及赣榆、灌云、响水、滨海、射阳、大丰、海安、如皋、如东、通州、海门、启东等县市为主要节点形成的。黄震方（2002），张树夫、任黎秀（2000）认为，江苏沿海生态旅游开发是江苏省旅游经济大发展的新增长极，江苏沿海生态旅游应成为今后江苏旅游开发的重点。袁书琪、郑耀星（2002）构建了以厦门市为龙头，福州—厦门为轴线，宁德、福州、莆田、泉州、厦门、漳州6市，福鼎、福安、周宁、霞浦等24县市为基本范围的海峡西岸海洋旅游经济带。可以看出，城市滨海旅游发展轴线的主要旅游节点是滨海旅游城镇。

2. 滨海海运与陆路旅游交通的发展使滨海区域旅游可达性大大增强，是城市滨海旅游发展轴线形成的基本框架。近年来，海峡西岸的交通建设突飞猛进，山海之间、沿海南北之间的旅游行程已缩小到数小时，高速公路、铁路、水运和航空等得到了迅速发展，海峡西岸海运与陆路旅游交通的发展大大促进了福建海峡西岸旅游发展轴线的形成。

3. 滨海旅游资源丰富、自然环境优美、生态环境良好、海洋旅游文化底蕴深厚、滨海城市旅游发展迅速，这些都是城市滨海旅游发展轴线形成的重要基础。滨海旅游地经过历史与地理的社会建构过程，逐渐形成当今世界海岸带版图上大大小小、各种各样的度假、休闲、娱乐等海滨目的地。滨海区域自然环境优美，生态环境良好，大量的滨海湿地得到有效保护。滨海旅游资源具有独特的吸引力，这使作为对生态环境破坏很小的一种经济产业——滨海生态旅游业在滨海区域得到较快的发展。以山东滨海为例，山东滨海南北距离约 3000 千米，集中了数十个省级以上风景名胜区，未开发而具有开发潜力的重要旅游景区（点）有数百个，景点间互补性强，是中国东部沿海旅游资源最丰富、最集中的海滨段。滨海地区的海洋文化底蕴深厚，海洋盐业文化、海洋美食文化、海洋渔业文化都强烈地吸引着游客。

（二）河流旅游发展轴线与"点—轴"空间结构形成机制

河流，如长江、京杭大运河等，本身就是重要的旅游资源。河流具有重要的交通功能，自古就是运输的重要通道。河流旅游发展轴线的形成机制主要体现为：

1. 河流沿岸丰富的旅游资源是河流旅游发展轴线形成的重要基础。以长江沿岸为例，长江沿岸主要指包括长江三角洲在内的沿长江地区，东起上海，西至四川省攀枝花市，涉及 40 多个地方，土地面积约 40 万平方千米，占全国总面积约 4%；人口 2 亿多，占全国总人口的 17%。长江沿岸地区自然旅游资源可谓得天独厚，长江沿岸丰富的旅游资源是长江旅游发展轴线形成的重要基础。旅游发展轴线是旅游节点集聚分布的轴线。大江大河沿线一般具有丰富的旅游资源。

2. 河流沿岸旅游城镇分布的集聚特性。以中国第一长河长江为例，长江沿岸城市密集，有上海、南京、无锡、苏州、南通、杭州、宁波、九江、武汉、重庆 10 个重点旅游城市，在全国 52 个重点旅游城市中约占 20%。河流沿岸旅游城镇众多，这有利于开发水上或河流岸线型旅游线路。河流沿岸旅游城镇及重要旅游景区（点）是河流旅游发展轴线形成的重要节点依托。

3. 河流作为自然的旅游交通通道，是自然形成的旅游线路。京杭大运河是世界上开挖最早、延伸最长的一条古运河。作为南北交通的纽带和动脉，它的开通极大地促进了沿河两岸及黄河、长江流域经济、文化与社会的发展。它开凿于春秋时代，北起北京，南迄杭州，全长 1794 千米，纵贯京、津两市及冀、鲁、苏、浙 4 省，沟通海河、黄河、淮河、长江和钱塘江五大流域。京杭大运河最初的功能是漕运功能，至今，其交通运输功能仍较为重要。作为旅游交通运输通道，适宜发展水上旅游专线。

4. 河流沿岸陆路旅游交通发达，与河流水轴线共同形成了复合型河流旅游发展轴线。河流沿岸城镇众多，经济发达，除了水路旅游交通外，陆路旅游交通也较为发达。以长江三角洲沿长江旅游发展轴线为例，长江沿岸有沿江高速公路、宁启高速公路、宁启铁路等陆路旅游交通通道，与长江水路旅游交通通道共同形成了便捷的复合型旅游交通通道。

（三）湖泊岸线型旅游发展轴线与"点—轴"空间结构形成机制

以环太湖旅游发展轴线为例，环太湖区域旅游资源丰富，沿岸旅游城镇众多，既有湖泊水路旅游交通，又有环湖陆路旅游交通。环太湖沿岸旅游景区（点）星罗棋布，这些旅游节点以水路与环湖陆路旅游交通发展轴线为依托，形成了较为明显的太湖带状旅游"点—轴"空间结构。尤其是江苏无锡、苏州环太湖沿岸已初步形成网络状旅游"点—轴"空间结构。杭州西湖作为国家级风景名胜区，自然与人文旅游资源十分丰富。西湖凭借丰富的自然与人文底蕴，岸线及周边地区旅游景区（点）、旅游饭店、餐馆、休闲娱乐业、旅行社等旅游接待设施星罗棋布，形成了复杂的湖泊岸线型旅游"点—轴"空间结构系统。

第三节　山东半岛城市旅游"点—轴"空间结构形成机制分析

一　应用"点—轴"理论选择山东半岛区域旅游空间结构要素

要对山东半岛区域旅游的空间结构进行构建，必须进行空间结构的要素选择，即选择区域空间中的点和线，然后根据点和线的布局进行面的确定。在点和线的选择时，应用区域发展战略理论中"点轴"理论进行节点和轴线的选择，结合对山东半岛区域旅游资源、交通状况以及城市空间布局等的区域旅游空间分析，选择科学合理的节点和轴线，并根据节点与轴线的布局进行空间中"面"的选择与确定，最终构建山东半岛"点—线—面"的空间结构布局，从而优化半岛旅游结构，实现旅游业的健康可持续发展。

　　旅游发展轴上的各个旅游节点是区域各级旅游中心节点，它们是旅游发展轴线集聚作用和扩散作用的核心。陆大道认为，"点—轴"系统中的点是各级中心地，亦即各级中心城镇，是各级区域的集聚点，也是带动各级区域发展的中心城镇。但是各级中心城镇对周边地带的辐射和带动力度是有差别的，实力强的节点带动辐射力度大，因此中心城市又有等级之分，在选择中心城市时要考虑如下一些因素。

　　1. 旅游节点的城市竞争力

　　城市竞争力是指一个城市在国内外市场上与其他城市相比所具有的自身创造财富和推动周边地区创造更多社会财富的能力。城市综合竞争力反映了城市的生产能力、生活质量、社会进步及对外影响。竞争力高的城市对周边地区的推动作用大，辐射带动能力也高。同时，旅游业自身的特点决定了只有在一定的经济发展水平上才可能从事旅游，进行经济旅游的基础和铺垫工作，一个经济发展水平高的大城市本身就是一种旅游资源、一种旅游吸引物。

　　2. 旅游节点的旅游发展条件

　　旅游中心城市的选择要依据一定的条件，除了经济基础、社会居民认可等外，还必须具备其他的硬件条件，如城市区位。山东半岛之所以在南有长三角北有京津塘的南北夹击下仍能与其抗衡并自成一极，就是因为有良好的区位条件。它隔海与日本、韩国遥相对望，是构筑由山东半岛、韩国西南海岸地区、日本九州地区组成的跨国城市走廊的最佳地区，因此良好的区位是发展的优先条件。另外，旅游城市节点的交通状况、资源禀赋、资源质量与等级都对节点的选择有着重要的影响。

　　3. 旅游节点的旅游发展规模

　　衡量一个地区旅游发展规模的大小主要包括该区的旅游收入（外汇旅游收入和国内旅游收入）、旅游人次、旅游增长速度、旅游基础设施的数量等级程度（饭店、旅行社）、旅游机构组织、旅游教育发展程度以及旅游人才等。旅游城市作为区域社会、经济、文化、教育与管理中心，城市发展的规模越大，吸引范围越广，旅游辐射能力就越强。如果该区域旅游同时拥有国家级的旅游资源，如大型的主题公园、森林公园、国家自然保护区等，它就可以成为旅游的重要节点，或者城郊和边缘地带拥有这些国家级别的资源也可以成为发展节点。在旅游发展相对落后的地区则要培育新的发展节点，这往往要选择一些规模比较大的城镇作为旅游节点，通过对它们的开发来带动周边地区旅游的发展。

二　重要旅游节点的选择

（一）山东半岛城市群旅游业地域差异分析

在旅游业快速增长的同时，山东半岛城市群各城市旅游业发展水平存在较大差异。以青岛市和东营市为例。2008 年，青岛市国内旅游收入与国际旅游收入分别为 385.5 亿元和 50045.4 万美元；同期，东营市仅为 27.6 亿元和 1508.4 万美元，悬殊较大。随着时间的推移，区域旅游发展水平的不平衡状况呈现出进一步扩大的趋势，从山东半岛城市群旅游业发展的区域差异变动趋势（图 4-6）可以看出，2000—2008年，山东半岛城市群旅游由于受各城市原有旅游发展水平的影响，相对差异（用 10 城市旅游总收入变异系数表示）呈现波动变化的趋势。

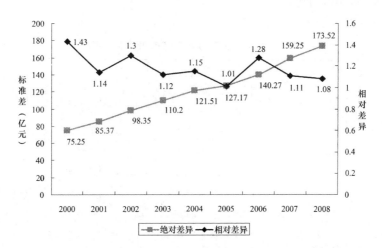

图 4-6　2000—2008 年山东半岛城市群旅游业发展的区域差异变动趋势

为了进一步分析山东半岛地区各城市之间旅游业发展的区域差异，这里选取旅游总收入、旅游总收入占当地国内生产总值的比重和人均旅游花费这 3 个指标来对 10 个城市进行分析。其中，旅游总收入是衡量旅游业发展状况最直接最综合的指标；人均旅游花费代表了一个地区旅游消费水平的高低，反映了旅游供给能力；旅游总收入占当地国内生产总值的比重则反映了旅游业对当地经济发展的贡献。具体的划分依据为：3 个指标中数值高于基准值的个数，同时兼顾指标值与基准值的差距。各指标的基准值如表 4 - 1 所示，其中，旅游总收入基准值为半岛10 市均值，其余两个指标为半岛整体 2008 年的现值。

表 4 - 1　　　　　2008 年山东半岛城市群旅游业发展不同等
级层次划分指标基准值

划分指标	旅游总收入（亿元）	人均旅游花费（元/人）	旅游总收入占 GDP 比重（%）
指标基准	169.82	886.04	7.09

　　根据 2008 年山东半岛地区及各城市旅游业发展状况（见表 4 - 2），得出如图 4 - 7、图 4 - 8、图 4 - 9 所示的山东半岛城市群各城市旅游业发展等级层次情况。

表 4 - 2　　　　2008 年山东半岛城市群及各城市旅游业发展状况

地区	国内旅游		国际旅游		旅游总收入（亿元）	旅游总收入占国内生产总值比重（%）	人均旅游花费（元/人）
	旅游人次（万人次）	旅游收入（亿元）	旅游人次（万人次）	旅游收入（万美元）			
济南市	2300.3	204.8	17.0263	8339.6	210.6	6.98	908.81
青岛市	3389.5	385.5	80.1265	50045.4	420.3	9.47	1211.37
淄博市	1650.6	124.0	9.3883	4471.6	127.1	5.49	765.67
东营市	427.6	27.6	1.8760	1508.4	28.6	1.39	665.93
烟台市	2346.0	209.9	35.2090	26707.7	228.8	6.65	959.60
潍坊市	1869.3	143.6	13.1771	7081.2	148.5	5.96	788.85
济宁市	2059.2	146.5	19.0797	6105.4	150.7	7.10	725.12
泰安市	1848.7	136.9	19.0242	9518.1	143.5	9.48	768.31
威海市	1586.0	149.2	28.8277	13733.7	158.7	8.91	982.77

续表

地区	国内旅游		国际旅游		旅游总收入（亿元）	旅游总收入占国内生产总值比重（%）	人均旅游花费（元/人）
	旅游人次（万人次）	旅游收入（亿元）	旅游人次（万人次）	旅游收入（万美元）			
日照市	1450.8	78.6	15.1618	4432.3	81.7	10.57	557.31
山东半岛	18928	1606.6	238.8966	131943.4	1698.2	7.09	886.04
山东省	24046.6	1908.5	2537575	139148.0	2005.2	6.45	825.17

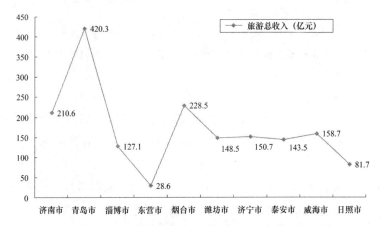

图 4-7 山东半岛旅游圈 10 市旅游总收入与基准值比较

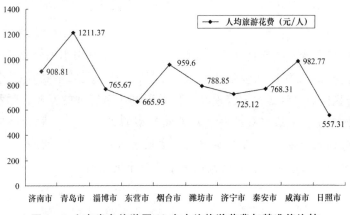

图 4-8 山东半岛旅游圈 10 市人均旅游花费与基准值比较

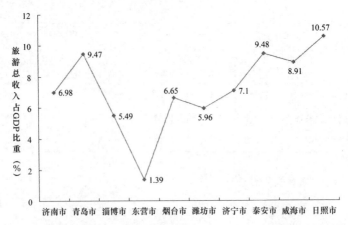

图 4 - 9 山东半岛旅游圈 10 市旅游总收入占 GDP 比重与基准值比较

通过将各城市 3 个指标分别与基准值进行比较（图 4 - 7、图 4 - 8、图 4 - 9）得出，山东半岛城市群 10 城市中，只有青岛市 3 个指标值均高于相应基准值，这说明青岛市在山东半岛城市旅游群中起着龙头作用；济南、烟台 2 市只有旅游总收入占 GDP 比重略低于相应基准值，旅游总收入和人均花费两项指标均高于基准值；威海市只有旅游总收入略低于相应基准值；济宁、泰安、日照 3 市仅有旅游总收入占 GDP 比重这项指标高于基准值，其中，日照的旅游总收入和人均花费两项指标与基准值相差甚远；淄博、东营、潍坊 3 市的所有划分指标均低于基准值。

（二）城市资源丰度差异

山东半岛各城市旅游资源丰富，主要以海滨和山水民俗为特色，由于各类型的旅游资源吸引力存在一定的差异，笔者参考国家旅游局《旅游景区质量等级评定管理办法》并咨询旅游管理的专业教师和旅行社工作人员，采取打分的办法对不同类型的景区（点）赋予不同的分值，分别对山东半岛 10 个城市的各类景区景点进行统计计算，依据资源的等级进行赋分，得分较高的表示资源丰度较高。

表 4 – 3　　　　　　　　山东半岛旅游圈 10 市旅游资源分值

城市　山东半岛城市旅游资源分值：5A：10 分；4A：6 分；3A：3 分；2A：2 分；1A：1 分	总分
济南市（共 22 处）　其中，4A 级：8 处；3A 级：7 处；2A 级：7 处	83
青岛市（共 48 处）　其中，4A 级：11 处；3A 级：24 处；2A 级：11 处；1A 级：2 处	162
烟台市（共 39 处）　其中，5A 级：1 处；4A 级：9 处；3A 级：11 处；2A 级：17 处；1A 级：1 处	132
威海市（共 13 处）　其中，4A 级：6 处；3A 级：6 处；2A 级：1 处	56
日照市（共 11 处）　其中，4A 级：3 处；3A 级：5 处；2A 级：3 处	39
潍坊市（共 29 处）　其中，4A 级：9 处；3A 级：13 处；2A 级：7 处	107
淄博市（共 24 处）　其中，4A 级：6 处；3A 级：12 处；2A 级：6 处	84
东营市（共 12 处）　其中，4A 级：1 处；3A 级：6 处；2A 级：5 处	34
泰安市（共 13 处）　其中，5A 级：1 处；4A 级：1 处；3A 级：4 处；2A 级：7 处	42
济宁市（共 16 处）　其中，5A 级：1 处；4A 级：4 处；3A 级：6 处；2A 级：5 处	62

　　由该资源分值表可以看出，在资源丰度方面，青岛得分最高，为 162 分；其次为烟台，分值为 132 分；潍坊排列第三；济南、淄博、威海在资源丰度方面相近；济宁、泰安、日照、东营 4 城市得分较低。省会济南在文化方面的吸引作用也没有显示出来。

　　（三）城市区位和交通状况比较

　　就旅游节点城市的区位条件而言，经济活动要首先在区位条件好的地区发生发展，然后向其他地区扩散移动，这是经济发展的不平衡性所决定的，是与规模经济和集聚经济密切相关的。山东半岛旅游圈 10 市旅游节点的区位条件是不同的。

首先是沿海4个城市，由于濒临海湾，有狭长的海岸线以及优良的天然港口，具有较好的区位，其中青岛区位条件最好，地理位置优越，黄海深入腹地，与区域外交通便捷，制造业、国际贸易相对都比较发达，对外交流频繁。青岛区域内的交通更是四通八达，与省会城市济南有胶济铁路和济青高速两条重要的交通干线相连，这两条交通干线是山东半岛乃至山东省的交通要道。

其次是省会济南的区位较次于沿海地区，但是相对其他三市又有独特的优势：济南肩负着省会的重任，既是经济社会文化的中心，又是经济文化交流的中心，贸易往来众多，商业活动频繁。在交通方面，京沪铁路穿城而过，连接南北，与周边的河北、河南、安徽、江苏等均有铁路网络相连，与区外联系方便快捷。区内交通与沿海城市实现了3小时通车的经济圈。

中转旅游城市往往是旅游核心城市，中转旅游者往往会做短暂停留，这样中转旅游城市具有共享客源优势，旅游需求增加，继而带动旅游产业在中转旅游城市的集聚，促进中转旅游城市旅游核心地位的形成与提升。正是济南成为中转旅游交通枢纽城市，才对城市旅游核心边缘空间结构形成了影响，因此，虽然济南旅游总收入在山东半岛并不高，但是由于其特殊的区位、发达的交通而成为山东半岛主要的旅游节点城市。

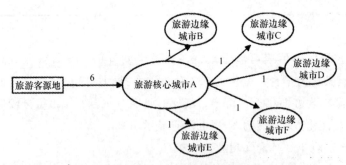

图4-10　旅游交通枢纽城市（中转旅游城市）对城市
旅游空间结构形成的影响机理

烟台、威海的区位也较好，天然的港口不仅使其与区域外的联系方便，也使其成为外部地区进入山东省的门户。它们与韩国、日本距离较近，共同构成了航海区域，拉近了相互间的贸易往来。

（四）旅游产业要素

在饭店、旅行社旅游基础设施方面（见图4-11），青岛基础设施最好，饭店和旅行社数量较多，星级饭店所占比例较高，旅行社数量较多；烟台、济南次之；在其他地市中，东营、日照在旅游基础设施方面不是很完善。

由以上旅游业发展状况的比较分析可以看出，在旅游业发展上青岛排名第一，烟台、济南次之，然后依次是威海、淄博、潍坊、济宁、泰安、日照和东营。

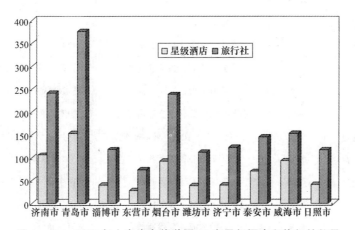

图4-11 2008年山东半岛旅游圈10市星级酒店和旅行社数量

三 重点旅游发展节点的确定

经过以上对城市综合竞争力、资源丰度、交通以及各个城市旅游业发展状况的分析可以看出，山东半岛的青岛、济南各方面优势均突出，旅游综合竞争力较高，笔者将其确定为山东半岛区域旅游的一级发展节点，将半岛其他8个城市定为一二级节点，因为这10个城市旅游综合实力差别较大，烟台、威海虽然被划分为二级节点，但是其旅游综合实力遥遥领先于日照、东营地区，所以二级发展节点也有重要和次要之分。依据其实力，将二级节点依次排列为：烟台、威海、泰安、济宁、潍坊、淄博、日照和东营。

表 4 - 4　　　　　　　　山东半岛旅游圈 10 市节点城市等级

节点等级	节点城市
一级发展节点	青岛、济南
二级发展节点	烟台、威海、泰安、济宁、潍坊、淄博、日照、东营
三级发展节点	章丘、青州、寿光、安丘、莱州、龙口、蓬莱、荣成、乳山、海阳、高密、诸城、五连、曲阜、邹城、胶南、栖霞

表 4 - 5　山东半岛旅游圈 10 市主要发展节点划分及城市特点和美誉

节点等级	城市	城市特点	城市美誉
一级发展节点	济南	省会城市、百泉汇集	"泉城"
	青岛	沙滩海洋、啤酒奥运	"黄海明珠，东方瑞士"
二级发展节点	烟台	葡萄美酒、蓬莱仙境	"人间仙境、海滨胜地"
	威海	沙滩美景，甲午海战	"最适合人类居住的地方"
	泰安	华夏文明的发祥地、五岳之首	"国泰民安、统一之都"
	济宁	三孔、孟子故里、鲁国故城	"孔孟之乡、礼仪之邦"
	潍坊	风筝第一、民俗独特	"世界风筝之都"
	淄博	齐国故都、工业基地	"古今合一、土洋结合"
	日照	国家公园、东方桥头	"现代生态城"
	东营	黄河入海、现代新城	"黄河三角洲上的中心城市"

　　另外，笔者只是分析了山东半岛旅游圈的 10 个地级市，主要是为了选择重要的一级节点城市，文中没有具体分析各地市的二级城市，虽然烟台的二级城市龙口、蓬莱，济南的章丘，济宁的曲阜等在城市旅游综合实力方面要强于日照、东营两地市，但是考虑到一级城市所起到的经济文化枢纽功能和辐射带动能力，本书仍然将日照和东营列入二级节点。其他市区的重要二级地市列为山东半岛区域旅游发展的三级节点。

四　重点发展轴的选择

(一) 山东半岛城市旅游经济联系强度

陈存友、汤建中、王德忠、庄仁心、王苏洁、卞显红等的相关研究采用类似物理学万有引力定律的计算公式来测度长江三角洲城市间的经济联系强度。笔者借鉴城市旅游经济联系强度方面的研究成果，也采用类似物理学万有引力定律的计算公式来测度城市间的旅游经济联系强度，用以反映中心旅游城市对周边区域的旅游经济辐射能力以及山东半岛旅游圈旅游经济网络和城市旅游网络的发育情况，计算公式为：

$$R_{ij} = \frac{\sqrt{P_i V_i} \cdot \sqrt{P_j V_j}}{D_{ij}^2} \tag{4-1}$$

P_i，P_j 为城市的国内旅游总人次，V_i，V_j 为城市的国内旅游总收入 (这里 P_i，P_j，V_i，V_j 采用山东省 2008 年统计数字)；D_{ij} 为两城市最短的交通距离 (交通方式以 2008 年区域内的公路、国道、高速公路距离，单位为千米)。山东半岛各主要中心旅游城市旅游经济联系度 D_{ij} 如表 4-6 所示。

表 4-6　　　　2008 年山东半岛 10 城市旅游经济联系度

(亿元·万人次/平方千米)

城市	济南	青岛	淄博	东营	烟台	潍坊	济宁	泰安	威海	日照
济南	0									
青岛	5.92	0								
淄博	23.04	7.47	0							
东营	1.85	1.61	2.93	0						
烟台	2.09	13.81	2.61	0.67	0					
潍坊	8.06	24.02	18.33	3.50	6.11	0				
济宁	10.89	2.62	3.35	0.37	1.08	1.96	0			
泰安	43.56	4.34	10.52	0.71	1.44	3.94	16.85	0		
威海	1.11	8.15	1.25	0.31	57.69	2.54	0.56	0.76	0	
日照	1.60	12.33	1.46	0.28	2.25	3.34	2.27	2.20	1.09	0

1. 济南与泰安表现出最强关联，其次为淄博、济宁、潍坊，最弱为青岛、烟台、东营、日照、威海。济南与泰安间的旅游经济关联要明显强于济宁与泰安。济南与泰安之间的旅游经济联系度高达43.56，是济南与济宁的4倍多。泰安在山东省市级城市中距省会城市济南最近，属省会城市经济圈之内，泰安与济南在行政区划上有很深的历史渊源，又同属齐鲁文化一脉，感情认同度很强，有利于接受省会城市的辐射带动。济南与泰安之间已呈现出较强的旅游同城效应，泰安是济南核心旅游圈的重要组成部分，这对泰安扩大客源市场的吸引范围具有很大的帮助。济南与淄博的旅游经济联系度位居第二。淄博拥有齐国故都、聊斋故里、足球故乡、陶瓷名城四大旅游资源；胶济铁路及济青高速公路、滨莱高速公路、205国道形成三个交通 "＋"型主干；距济南国际机场70千米。与济南拥有很强的旅游经济联系度，属于济南旅游经济圈。济南与济宁的经济联系度达10.89，中华标志城的建成将大大促进济南与济宁的旅游经济联系度，也必将大大促进济宁旅游业的高速增长。济南与青岛的旅游经济联系度远不及济南与济宁的经济联系度。便捷的动车组使济青之间的时间距离由3.5小时缩小至两个小时，两个城市的旅游资源具有可补性，行政、文化中心济南将为青岛输送更多的游客，两个城市的旅游经济联系度也会提高。

2. 青岛与山东半岛城市之间明显具有较强的旅游经济联系的城市为潍坊、烟台、日照、威海。潍坊市现有国家、省、市级文物保护单位89处，非物质文化遗产77项，是山东省拥有文物保护单位和非物质文化遗产数量最多的地区。早在20世纪80年代，潍坊就推出了"千里民俗线"，秉承"传统与现代相融合"的开发原则，依托当地丰富的民俗节庆文化旅游资源，打造了以风筝年画为代表的风筝都的城市形象。最近继黄金海岸、山水圣人后又打造了山东第三大旅游模块——逍遥游。潍坊2007—2009年连续三年在青岛举行青岛潍坊周活动，并签署了区域旅游一体化框架合作协议，与青岛在旅游市场促销与旅游产品开发等方面合作紧密，因此，青岛与潍坊表现出较强的同城效应。青、烟、威、日4市形成了明显的旅游经济联系紧密区，也就是学者通常所说的黄金海岸。4个城市拥有山东最好的海岸线，最优质的沙滩，碧海蓝天让 4 市拥有共同的旅游形象。青岛、烟台、威海、日照各地区的主体旅游资源均为海滨地文景观，具有非常大的相似性，而且在旅游资源开发建设中存在一定的重复性建设，有一定的可替代性。4 个城市旅游经济联系度远没有青岛与潍坊的旅游经济联系度大。不过青岛、烟台、威海旅游资源也存在一定的差异性。青岛、烟台地区的文化底蕴较浓，古迹建筑较多，威海地区的古迹与建筑较少。青岛地区休闲求知健身类旅游资源丰富，而其他地区均设有 A 级或省级以上的休闲求知健身类旅游资源。青岛、烟台、威海、日照地区旅游资源分布状况为该区域以相似性为纽带进行旅游合作，充分发挥自己的比较优势，在区域内实行旅游分工提供了条件。在山东半岛旅游空间结构分析中，可以考虑构建青、烟、威、日、潍旅游圈。

3. 烟台与威海两市表现出山东半岛最强的城市旅游经济联系度，烟台、威海两市文化同源、地理位置同处海滨，旅游资源结构相似，旅游交通联系紧密，区域经济与城市旅游业发达，具有区域旅游一体化发展的良好条件。

4. 日照与青岛表现出强烈的旅游经济联系度，其次为潍坊。日照市全市拥有海岸线 99.6 千米，岛礁 33 个。日照城市旅游资源丰度高，拥有国内罕见的优质海滩，日照是被专家誉为中国大陆唯一拥有"3S"全面优势的滨海旅游城市，日照市位于山东半岛最南端，南与连云港毗邻，北与青岛、潍坊接壤，原为一个乡镇，1985 年成为县级市，1989 年升格为地级市，是一座新兴的沿海开放港口城市。由于城市旅游发展起步较晚，旅游服务基础设施较不完善，但日照拥有较为发达的旅游交通网络，作为鲁南地区的直接出海口，国家重点开发建设的沿海主轴线和日（照）西（安）沿桥经济带主线在此相接，素有"两港通四海，一线系亚欧"之美誉。境内高速公路、铁路呈"两横两纵"格局，与全国交通干线相连，是中国东部沿海铁路大动脉。

5. 东营除与潍坊表现出最强的城市旅游经济联系度外，与山东半岛其他城市的联系度均较低。这是由于东营旅游资源贫乏，交通被边缘化，但是东营经济基础好，人均 GDP 高，东青高速的开通大大缩短了与潍坊的时间距离；青州、临朐丰富的旅游资源吸引着东营人，东营成为潍坊旅游的重要客源市场。

（二）山东半岛非中心城市相对主要中心城市的城市旅游经济隶属度模型

陈存友、汤建中（2003），周一星、杨焕彩（2004）构建了城市经济隶属度模型。笔者借鉴城市经济隶属度模型构建了山东半岛非中心城市相对主要中心旅游城市（本节确定了山东半岛旅游圈所有地级以上城市相对于济南、青岛、烟台、泰安、潍坊5个旅游中心城市的城市旅游经济隶属度）旅游经济隶属度模型：

$$F_{ij} = \frac{R_{ij}}{\sum_{i=1}^{5} R_{ij}} \tag{4-2}$$

公式（4-2）中，F_{ij} 为城市 i 的旅游经济隶属度，R_{ij} 为城市 i 与 5 个中心旅游城市的旅游经济联系度，计算公式如公式（4-1），主要研究结果见表 4-7 所示。

对山东半岛非中心城市相对主要中心城市的城市旅游经济隶属度进行分析是划分城市旅游经济区的基本依据之一。从表 4-7 中可知，潍坊属于青岛旅游经济区，而不属于济南旅游经济区；青岛、烟台、威海、日照可以组成青、烟、威、日、潍旅游经济区；泰安、济宁属于济南旅游经济区，淄博属于济南旅游区；东营属于潍坊旅游经济区，可以组成潍、东、日旅游区；淄博与潍坊的旅游经济联系度高，可以分属于济南旅游区和潍坊旅游区。城市旅游经济区的划分还要考虑到城市旅游吸引区边界的确定及与行政区划分相协调。

表 4-7   2008 年山东半岛旅游圈 10 市旅游经济隶属度

城市	济南	青岛	淄博	东营	烟台	潍坊	济宁	泰安	威海	日照
济南	–	0.123	0.372	0.222	0.089	0.26	0.326	0.818	0.016	0.074
青岛	0.01	–	0.12	0.193	0.589	0.775	0.078	0.081	0.116	0.568
烟台	0.035	0.287	0.042	0.08	–	0.197	0.032	0.027	0.821	0.104
泰安	0.73	0.09	0.17	0.085	0.062	0.127	0.5	–	0.011	0.101
潍坊	0.135	0.5	0.296	0.42	0.26	–	0.058	0.074	0.036	0.153

（三）山东半岛旅游区吸引边界的确定模型

笔者采用城市断裂点模式构建了城市旅游断裂点模式：

$$D_A = \frac{D_{AB}}{1 + \sqrt{\dfrac{S_B}{S_A}}} \qquad\qquad (4-3)$$

其中，D_A 为旅游城市 A 点的城市旅游吸引范围；D_{AB} 为旅游城市 A 与 B 之间的距离；S_A，S_B 为旅游城市 A 与 B 的旅游发展规模；本节设定 $\dfrac{S_B}{S_A} = \dfrac{P_B \cdot V_B}{P_A \cdot V_A}$，其中 P_i，P_j，与本节公式（4-1）中相同。旅游城市的旅游吸引范围的确定是划分城市旅游经济区（城市旅游圈）的基本依据之一，本节为了研究的需要对山东半岛旅游圈 10 个城市之间的旅游断裂点进行了分析，所得结果如表 4-8 所示。依据对山东城市旅游经济隶属度与旅游吸引范围确定的分析，笔者对山东半岛城市旅游经济区进行了划分（见图 4-12），共分为三个圈层（见表 4-9）。

表 4-8　　　　　　　　　2008 年山东半岛旅游圈 10 市旅游断裂点

城市A / 城市B	济南	青岛	淄博	东营	烟台	潍坊	济宁	泰安	威海	日照
济南	–	136.5	55.4	172.7	237.4	133.8	113.4	51.4	320.7	255.4
青岛	227.5	–	169.7	253.9	149.3	109	336.6	252.8	183.1	136.6
淄博	60.6	93.3	–	104	136.8	52.7	122.9	69.6	202.4	185.6
东营	27.3	24.1	25	–	45.7	22	66.2	49.2	75.2	88.4
烟台	242.6	91.7	212.2	295.3	–	140.4	334.8	288.3	45.4	219.6
潍坊	76.2	48	60.3	105	103.6	–	185	130.5	162.4	138.8
济宁	72.6	152.4	149.1	334.8	262.2	196	–	66.7	365	177.6
泰安	37.6	111.2	77.4	227.8	206.7	126.5	61.3	–	288.8	166.5
威海	227.3	77.9	217.6	336.8	31.5	152.6	325	279.2	–	229.6
日照	125.6	40.4	138.4	274.6	105.4	90.2	108.4	111.5	159.4	–

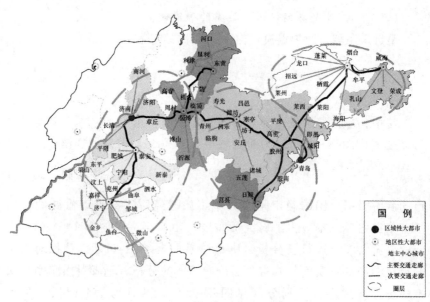

图 4 - 12　山东半岛城市旅游经济区

表 4 - 9　　　　　　　　山东半岛城市旅游经济区圈层划分

圈层	一级城市	二级城市	资源特色
烟、威旅游圈	烟台、威海	蓬莱、龙口、招远、栖霞、莱西、莱阳、海阳、乳山、文登、荣成	山海仙境、葡萄酒城、高尔夫旅游、滨海度假
逍遥滨海旅游圈	青岛、潍坊、日照	平度、即墨、胶州、胶南、高密、诸城、安丘、青州、临朐、寿光、昌乐、昌邑、五莲、莒县	后奥运旅游、滨海度假、年画风筝、湿地温泉、佛寿文化、化石恐龙
山水圣人旅游圈	济南、淄博、济宁、泰安	章丘、长清、平阴、沂源、博山、周村、临淄、桓台、宁阳、肥城、新泰、东平、曲阜、邹城、微山、汶上、梁山	名泉（72 名泉）、名山（泰山）、名人（孔子、孟子）、名洞（溶洞）

五　山东半岛旅游圈城市空间结构分析

(一) 形成双核模式

双核结构模式是"点—轴"理论的扩展，是指在某一区域内由区域中心城市和港口城市（海港城市、河港城市）或者边缘城市（边境城市、边界城市）及其连线所组成的一种空间结构现象。区域中心城市通常是集政治、经济、文化于一体的行政中心城市，而与区外的联系主要是通过港口城市或边缘城市发挥其边缘效应。正是由于区域中心和港口城市利益与功能上的互补，再加上便捷的交通连接，这两种城市具备了别的城市所不具备的优势，它们的结合会产生一种新的空间结构模式：双核结构模式。其内涵是以两核为中心，以强有力的集聚通过交通轴线的扩散带动相关经济的发展。双核结构理论对区域旅游空间格局的发展具有指导意义，它为理解区域中心城市和港口城市之间互动合作的内在机理提供了新的思路，是区域发展中比较高效的经济形态。

山东半岛旅游圈成为典型的双核模式。济南是山东省的省会，青岛是位于半岛东端的著名港口城市，它们相互关联、协调发展，构成了山东半岛区域旅游系统中的骨干，是一种典型的双核结构模式。在这一结构中，济南作为集政治、经济、文化三位一体的区域中心城市，对其所在区域的其他城市和地区具有带动和辐射作用。青岛则行使着区域中心城市的门户港口功能。从空间耦合机理来看，济南寻求与其所对应的港口城市青岛与区外发生更为有效的联系，青岛的发展则要依赖济南的支撑，两个城市在发展上可以实现优势互补，对谋求两地旅游经济的双赢有促进作用。

1. 青岛、济南城市旅游发展在山东半岛占据核心地位

(1) 旅游收入指标

青岛、济南在山东半岛城市旅游发展中占据重要地位。由图4-13、图4-14、图4-15可知，2004—2008年，济南、青岛两市旅游总收入占山东半岛的比重一直为35%左右，但5年间其比重除2008年金融危机对外向型青岛旅游收入的影响较大外，均呈平稳趋势，这在一定程度上说明青岛、济南两个核心旅游城市的核心力量较强。

（2）旅游交通

青岛临海，有黄金海岸线和独特的地理区位优势，交通十分发达。青岛市已建成济青、胶州湾、西流、双流、维莱、栖莱、青银7条高速公路。青岛流亭机场航线四通八达，可往返全国30多个城市，已开辟至日本东京、大阪、福冈，韩国首尔，新加坡以及中国香港、中国澳门等多条国际、地区客运航线。青岛港有两条国际客运航线常年与韩国仁

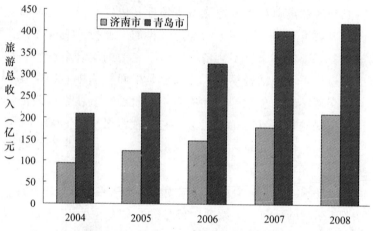

图4-13　2004—2008年济南、青岛两市旅游总收入增长状况

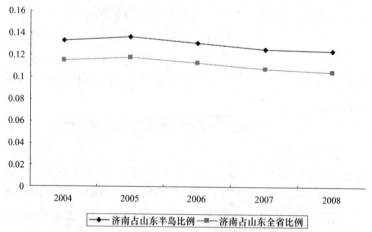

图4-14　济南旅游收入占山东半岛、山东全省的比例

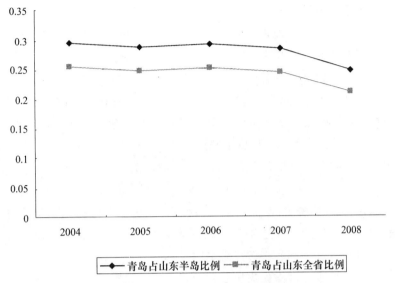

图 4 - 15 青岛旅游收入占山东半岛、山东全省的比例

川和日本下关通航，有通往 450 多个港口的 97 条国际航线。青岛航空运输保持快速增长。2008 年，其航空旅客吞吐量达 820 万人次，增长 4.2%；航空货邮吞吐量为 13.1 万吨，增长 12.8%。已开通直航东京、大阪、福冈、首尔、釜山、大邱、法兰克福、巴黎（经上海）、欧洲 7 国（经北京）、新加坡、曼谷以及中国香港、中国澳门、中国台湾等 20 余条国际（地区）客货航线。开通北京、上海、广州等国内航线 85 条。

青岛公路交通十分发达，其高速公路总里程达到 702 千米，占全国高速公路总里程的 1/60，占全省的 1/6。目前，青岛市高速公路数量、长度、密度和高速公路在所有公路中所占比重等指标均在全国同类城市中名列第一，并已初步达到发达国家水平。青岛市内公交发达，截至 2008 年，青岛公交营运车辆为 4054 辆，营运线路为 168 条，营运线路长度为 3144.29 千米。

济南市地处山东半岛中部，是国内重要的交通枢纽。航空、铁路、公路的交通体系基本完善。京沪、胶济铁路在城市中交汇，北连北京、天津，南接南京、上海、福州，东达港口城市青岛、烟台。2007 年 4 月刚刚运营的动力机车，济南到北京、济南到青岛分别仅需 3.5 小时和 2.5

小时。济泰、济德、济聊、济青、京福、京沪高速四通八达。济南机场是国家批准的国际航空港，有通往北京、上海和全国几十条空中航线，同时又有 N8136，SC4077，MU735，MU5025 等飞往中国香港的 4 条航线，有 SC4095，UE848 飞往韩国的两条航线，有 SC4091 飞往东南亚的一条航线，并且开通了至俄罗斯的国际货运包机，由北京转机到欧美的虚拟国际航线也甚为便捷。济南市依托山东省积极进行旅游交通建设，争取开辟欧美国际航线，基本上形成了铁路、航空、公路立体构造，连接全省、全国和海外的现代化交通网络，为市民出游提供了便捷的交通环境。

（3）旅游资源

济南的旅游资源是以"泉、古、山"为主要特色的。济南素以"泉城"闻名于世，趵突泉、珍珠泉、黑虎泉、五龙潭四大泉群和72名泉，章丘百脉泉群、平阴洪范书院泉群和分布于南部山区的众多名泉形成了泉的世界。济南作为历史文化名城有国家级文物保护单位12处，省级文物保护单位57处，市级文物保护单位87处，历朝历代留下的古迹，是非常宝贵的文化遗产。济南以独特的"青山入城"的城市规划格局，形成了"四面荷花三面柳，一城山色半城湖"的独特韵味，郁郁葱葱的山川伸入市区，与鲁中南几万平方千米的山峦连为一体，构成了济南市独有的旅游资源。

青岛依山傍海，风光秀丽，气候宜人，是一座独具特色的海滨城市。星罗棋布的山冈低丘散布于青岛市区，楼宇依地形而建，红瓦屋顶错落有致，连同蜿蜒起伏的街道和葱绿的树木，构成青岛市区独特的地理景观。青岛近代历经沧桑，有着丰富的文化旅游景观，根据景点的分布和文化内涵，可分为各具特色的四大区域，即西部旧城区（西方近代城市风貌）、东部新区（现代化国际城市风貌）、市区腹地（胶东民俗文化风貌）、郊区（历代文物古迹风貌）。

（4）旅游产业要素

青岛、济南两市作为山东半岛城市旅游核心区，发达的旅游经济、畅通的交通网络、丰富的旅游资源是取得核心地位的非常关键的因素。从旅游联系度与隶属度来看，山东半岛10市之间存在着或强或弱的联系，这种联系与城市职能、区位、经济发展水平、旅游资源等密切相关。其实正是由于存在济南与青岛这两个核心城市才把半岛城市群内的其他 8 个城市紧紧吸引在一起,使得半岛城市群的规模优势、对外的交通便利优势能够充分发挥出来。

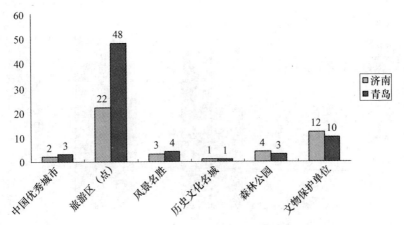

图 4 – 16　济南、青岛各类旅游资源数量

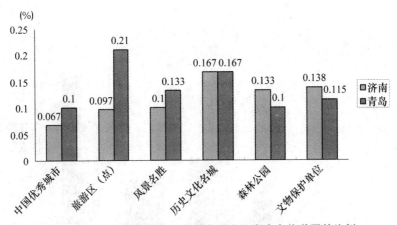

图 4 – 17　济南、青岛各类旅游资源占山东半岛旅游圈的比例

2. 双核模式的作用

区域旅游合作是在区域范围内不同地区之间的旅游经济主体将资源在地区间的重新配置,以获得最大经济、社会和生态效益的经济活动,合作关系形成的目的就是要体现优势互补,而双核结构模式能很好地达到这种目的。双核结构模式既有中心城市的趋中性,又有港口城市的边

缘性，区域优势互补明显，将双核结构模式应用于区域旅游具有巨大的价值。

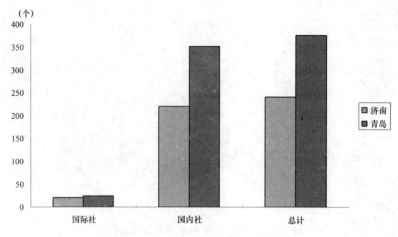

图 4 - 18　济南、青岛旅行社数量

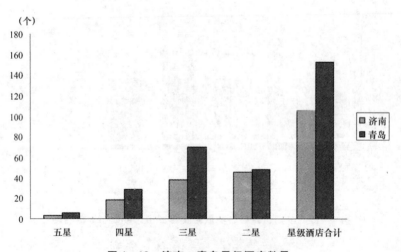

图 4 - 19　济南、青岛星级酒店数量

济南—青岛的双核结构模式对山东半岛区域旅游有明显的促进作用。一方面，济南作为中心城市和历史名城可以带动新型港口城市青岛的旅游发展，特别是济南位于山东的交通枢纽位置，可以将国内游客源源不断地运往青岛，尤其是山东以北、以西地区的游客。而青岛可以为济南的旅游业发展提供与外界联系的通道，青岛国际化的大机场和大港口都可以通往世界各地，可以为济南的旅游发展带来国外的游客。另一方面，济南、青岛两地的交流往来频繁必然会带动两地之间的城市发展，特别是位于济青主轴上的潍坊和淄博，是两地往来的必经之地，强化济南、青岛的双核结构必然会促进淄博和潍坊的发展。而经济的发展是对外性和相互性的，潍坊、淄博又可以进一步促进与其他城市的交流，体现旅游经济发展的乘数效应，从而带动整个山东半岛城市间的互动合作和优化整个山东半岛旅游空间结构。

（二）三条发展轴线

山东半岛的两条主要发展轴线——济青高速发展轴线和滨海发展轴线，是一横一纵的两条贯穿整个山东半岛的主要干线，依托济青高速（胶济铁路）和同三高速将除东营以外的 9 个地市紧密联系起来，并相汇于中心城市青岛，形成近似"十字架"形状。从几何学的角度来讲，这是科学合理的一种结构模式，其稳定性高，能做到资源的充分利用。同时，这两条交通干线也是联系区外的重要方式，济青高速贯穿山东省最核心的两大城市，并且分别有铁路、高速公路等与山东半岛以外的城市相连。而同三高速更是贯穿全国的交通干线，由北至南将中国的沿海城市逐一相连，是中国几条最重要的交通干线之一。京沪铁路、京福（京沪）高速公路连接济南、泰安与济宁，且把山东与北京、天津、江苏、上海、江西、福建连接在一起。由此可见，选择这三条发展轴线作为山东半岛的一级轴线不仅源于区域内的重要性，也是与区域外相连的必然选择。

1. 一级旅游发展轴线

（1）济青沿线旅游发展轴

青岛是中国 14 个沿海开放城市和全国 15 个经济中心城市之一，是国内最大的经济中心和外贸港口城市，是山东、沿黄河诸省甚至全国参与太平洋经济合作的重要门户。济南作为省会城市，是山东省的政治、文化、教育中心，是山东省中西部及省际区域交通枢纽和经济中心，有很大的区位优势：它北接京津唐、南望长三角、西连黄河中上游、东拥胶东半岛，是人流、物流、信息流的集散地和连接华东、华北、中西部地区的枢纽。而连接济南、青岛的胶济铁路，是贯穿山东半岛的主要交通干线，这条号称"胶东半岛黄金干线"的交通大动脉，使青岛与济南之间的客流、物流交往更加频繁快捷，有力地带动了山东半岛经济的发展。由胶济铁路连接的青岛、济南两市，沿途经过潍坊、淄博两市，因此由济南—淄博—潍坊—青岛共同构成的济青发展轴为山东半岛的重点发展轴线。

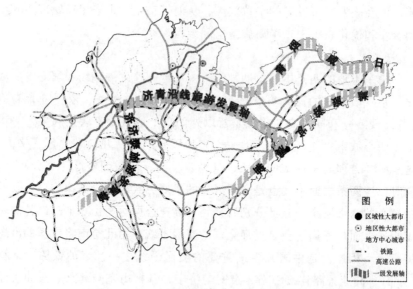

图 4－20　山东半岛旅游圈 10 市一级旅游发展轴

　　山东半岛一级发展轴线的济青高速轴线依托两条主要的交通干线：济青高速和胶济铁路。济青高速西起省会济南，途经潍坊、淄博，东至沿海开放城市青岛，横穿山东半岛，穿越 17 个市、县、区，连接 5 条国道，并把铁路、水路、航空等几种运输方式衔接起来，形成了横跨山东省东西的综合运输大道，加速了山东立体交通格局的形成。它打通了沿海与内地省区的通道，把华东、华北、中原地区甚至沿黄河流域、西北内陆与青岛联系起来，使更多的内陆省区有了比较通畅的出海口。已有百年历史的胶济铁路全长 384 千米，是连接济南、青岛两大城市、横贯山东省的运输大动脉。该铁路东连蓝烟线和正在建设的胶新线，西接京沪干线，并与邯济线一起构成晋煤外运的南线通道，是青岛、烟台等港口的重要疏港通道。特别是胶济铁路实行电气化改造工程以后，济南至青岛的时间将由过去的 4 小时缩短为 2.5 个小时，铁路时速达到 200 千米，这样"城市公交"满足了众多大中型企业的运输需求，真正使"才饮泉城珍珠水，又观岛城黄海潮"成为现实。该线旅游资源丰富，沿途经过的旅游资源类型基本上代表了山东半岛的资源特色，从济南的趵突泉、大明湖、千佛山等山水旅游资源到淄博的聊斋城、齐国文化的古文化旅游资源，到潍坊杨家埠年画、国际风筝节等民俗风情旅游资源，再到青岛的海滨特色旅游资源，一条线连接了四种特色旅游资源，可开展健身疗养、休闲娱乐、生态观光、体育文化以及宗教旅游等多种特色旅游。不仅如此，随着交通网规模的扩大和外向型经济的发展，会展、商务、商贸往来频繁，在青岛、济南等大城市及周边地区过境和停留的人员会大大增加，为山东半岛旅游业发展提供了稳定的客源。

（2）青、烟、威、日、潍旅游发展轴

半岛沿海的日照、青岛、烟台、威海 4 市依次紧密相连，是山东省对外开放的港口，其经济发展水平较内陆地市要高，同三高速公路由北至南贯穿 4 市，日照与胶州、黄岛等有高速公路直通，交通便利。而且最主要的是 4 城市旅游资源特色相似，在地理位置上相邻，且都濒临海边，有丰富的海滨旅游资源，其旅游业发展水平居全省前列。而潍坊有与这 4 市互补性很强的旅游资源，旅游经济联系度又强，因此笔者将青岛—烟台—威海—日照—潍坊列为山东半岛第二条重点旅游发展轴线。

（3）济、济、泰旅游发展轴

山水圣人旅游发展轴依托京沪铁路与京福高速公路，京沪铁路北起北京，经天津、河北的廊坊、沧州，山东的德州、济南、泰安、兖州，江苏的徐州、南京、镇江、常州、无锡、苏州到达上海，是山东省连接北京、天津、河北、江苏、上海的重要交通干线。京福高速公路（也称 020 国道，京福线）是中国国道主干规划五纵七横的一条纵向干线。京福高速公路始于北京，终于福建省福州兰圃，全长 2540 千米。在山东途经德州、济南、泰安、济宁、枣庄 5 县、市、区，是山东省连接北京、天津、河北、江苏、安徽、湖北、江西、福建的重要交通干线。济、济、泰旅游发展轴地区自然风光秀丽，文物古迹众多，旅游资源非常丰富，既有风光秀美的山川海洋，又有闻名中外的古老文化，还有独具特色的民俗民情。"五岳独尊"的泰山既是一幅美丽的山水画卷，又是一座蕴藏丰富的历史博物馆，1978 年被联合国教科文组织列为"世界自然遗产"。历史文化名城曲阜，是中国古代著名的思想家、教育家孔子的故乡，有蜚声中外的"三孔"——孔庙、孔府、孔林。省会济南素有泉城之称，著名的趵突泉被列为 72 名泉之首。这一山、一水、一圣人，吸引着众多旅游者踏上这片美丽、富饶而神奇的土地。

2. 二级旅游发展轴线

山东半岛二级发展轴线为潍坊、烟台至威海轴线，该轴线经过烟台的莱州、招远、蓬莱、龙口、牟平等地市，是山东半岛北部临渤海轴线。其中莱州经济发达，历史文化浓厚，区位优越，是连接山东沿海开放前沿城市与内地后方的枢纽；招远是全国闻名的产金城市，有"中国金都"之称，其经济发展在黄金产业的带动下日新月异；蓬莱更是全国知名的旅游城市，其文化沉淀深厚，文物古迹众多，更有闻名遐迩的蓬莱仙境；龙口是烟台地区著名的工业城市，其工业经济实力雄厚，拥有南山集团、龙大企业等众多品牌企业，工业的发展必然会促进交通物流信息流的发展，从而带动旅游业的发展。另一个威海环城发展轴线，依托威海至青岛的高速公路，将威海与青岛的大部分城市连接起来，成为一个短途、便捷、紧密的交通网络系统。该轴线主要辐射威海的县级市荣成、文登、乳山和青岛的海阳、即墨等市区，成为山东半岛临黄海轴线。

潍坊、烟台发展轴线依托 206 国道和威乌高速公路，从烟台依次经过蓬莱、龙口、莱州、昌邑到达潍坊，是山东半岛最北部的城市，包含烟台的三个主要旅游地市并辐射到烟台、招远。该轴线交通便利，两条主要的交通干线将几个地市顺势连接，206 国道起于烟台蓬莱，终于广东汕头，经过山东、安徽、江西和广东四个省，是山东省通往外省的重要交通干线。主要的旅游资源为蓬莱仙境、莱州云峰山风景区、招远罗山国家森林公园等，可开展观光度假、野外生存探险、科普教育等专项旅游。龙口的龙大集团是山东省重要的出口企业，可开展工业旅游。招远的金矿在全国知名度较高，也可以充分利用金矿旅游资源开展矿石识别等科普旅游活动。

威海环城发展轴线依托威海环城高速公路,从威海依次经过荣成、文登、乳山、海阳、即墨市,全线穿过威海的三市和青岛的两市,是山东半岛最外向型的一个尖角地带。由威海环城高速公路全线连接,交通方便。该区域主要是环黄海滨海资源,可开展海滨沙滩风光游。在成山头风景名胜区、荣成赤山风景名胜区可开展休闲度假、观光娱乐、野外探险、科普考察、生态旅游等专项旅游活动。

3. 三级旅游发展轴线

笔者将山东半岛的三级发展轴线选择为东营—淄博发展轴线、日照—潍坊发展轴线和潍坊—莱西发展轴线,三级旅游轴线的布局从整个山东半岛空间上考虑,将唯一不在主轴上的东营市通过青州高速公路与潍坊联系起来,这样8个节点核心城市及其大部分县级市都通过轴线连接起来,构成山东半岛三个等级层次的旅游发展轴线网络(见表4-10)。

表 4 - 10   山东半岛主要旅游发展轴线

级别	名称	依托主要交通干线	核心城市	辐射带动区
一级	济青高速 发展轴线	济青高速、胶济铁路、 309国道	济南、淄博、潍坊、 青岛	长清、章丘、邹平、寿 光、昌乐、高密、胶州
	滨海旅游 发展轴线	同三高速、蓝烟铁路、 胶新铁路、204国道	威海、烟台、青岛、 日照、潍坊	栖霞、莱阳、莱西、胶 州、胶南
	济济泰 发展轴线	京沪高速公路、京福 高速公路、济泰	济南、泰安、济宁	曲阜、邹城、兖州、肥 城、新泰
二级	临渤海 发展轴线	龙烟铁路、206国道、 威乌高速、威烟高速	潍坊、烟台、威海	昌邑、莱州、招远、龙 口、蓬莱、牟平
	临黄海 发展轴线	蓝烟铁路、威海环城 高速	威海、青岛	荣成、文登、乳山、海 阳、即墨
三级	东营—淄博 发展轴线	东营—淄博铁路、青 州—东营高速	东营、淄博	博兴、桓台、广饶、临 淄、青州
	日照—潍坊 发展轴线	胶新铁路、206国道	日照、潍坊	五莲、诸城、安丘
	潍坊—莱西 发展轴线	潍莱高速、309国道	潍坊、莱西	平度

东营、淄博发展轴线主要依托东营至淄博间的铁路张东线，旅游资源主要为东营的胜利油田、东营历史博物馆，可开展科普教育专项旅游；东营天鹅湖景区属于自然风光类旅游资源，可开展观光生态类专项旅游。

日照、潍坊旅游发展轴依托206国道把日照与潍坊相连，途经五莲、诸城、安丘3市，主要旅游资源为五莲山风景名胜区、九仙山景区等自然风光类，可开展观光生态专项旅游。安丘青云山民俗游乐园属于民俗文化旅游资源，可开展民俗文化旅游。

潍坊、莱西发展轴线依托潍莱高速公路和309国道两条主要的交通干线。潍莱高速公路西起潍坊，东至莱阳，是胶东半岛一条高速大通道，是山东省"五纵连四横，一环绕山东"高等级公路主框架中的重要组成部分，也是国道主干线青岛至银川、同江至三亚公路的重要连接线。该区的主要旅游资源为首批"青岛农业生态旅游示范点"莱西产芝水库生态旅游区和平度自然风光，可开展生态观光与休闲度假旅游。山东半岛三级旅游发展轴线的资源类型以及可开展的旅游活动如表4-11所示。

4. 两大旅游区

根据山东半岛两条主要的发展轴线以及旅游资源的相近性和差异性，将半岛旅游区划分为以海滨资源为特色的黄金海岸旅游区和以山水风情为特色的山水圣人旅游区（见表4-12）。

（1）山水圣人旅游区

山水圣人包括济南、泰安和济宁三地市，长期以来也是山东省旅游的核心地区，是山东省旅游形象"文化圣地"的最佳体现。济南素有"泉城"的美称。泰山山脉丰富的地下水沿着石灰岩地层潜流至济南，被北郊的火成岩阻挡，于市区喷涌而出，形成众多泉水。在济南的72名泉中，趵突泉、五龙潭等泉群最负盛名。泰山是历代帝王封禅祭祀的山岳，具有崇高的地位。庙宇题刻、古寺亭桥遍布山间。岱庙的气势，天贶庙的壁画，经石峪的大字，高山流水的遗迹，都是历史积淀下来的宝贵遗产。曲阜是中国古代伟大的思想家、教育家孔子的故乡，是举世闻名的儒学之源、儒教之根，是儒学的发祥地。气势宏伟的古代建筑，众多珍贵的文物古迹，巧夺天工的工艺美术，山清水秀的自然风光是其独有的特点。不仅以悠久历史和"礼仪之邦"的盛名著称于世，而且因拥有大量珍贵的地上、地下文物而蜚声中外，成为中国著名的历史文化名城之一。3市旅游资源具有互补性，旅游发展较早，基础设施相对比较完善，旅游区内呈现出稳定的发展态势。

表4-11　　　　　山东半岛资源和旅游活动类型

级别	名称	走向	辐射的旅游发展点	旅游资源类型	可开展的旅游活动类型
一级	济青高速发展轴线	横向	济南、淄博、潍坊、青岛、长清、章丘、寿光、临朐、昌乐、高密、邹平、胶州	名山大岳、风景名胜、泉水湖泊、宗教遗址、民俗风情	观光旅游、宗教旅游、休闲度假、民俗体验、商务会展
	青、烟、威、日、潍旅游发展轴线	环向	威海、烟台、青岛、日照、潍坊、栖霞、莱西、胶州、胶南	海滩风光、名山大岳、森林公园、革命纪念地、名企产业	沙滩享乐、红色旅游、工业旅游、商务会展、风筝年画制作体验
	济济泰发展轴线	纵向	东营、济南、泰安、济宁	名山大岳、名胜古迹、泉水湖泊	观光旅游、宗教旅游
二级	临渤海发展轴线	横向	潍坊、烟台、昌邑、莱州、招远、龙口、蓬莱	特色传奇、民俗风情、风景名胜	民俗体验、观光旅游、休闲度假
	临黄海发展轴线	纵向	威海、青岛、荣成、文登、乳山、海阳、即墨	沙滩风光、革命纪念地、风景名胜	沙滩享乐、红色旅游、观光度假
三级	东营—淄博发展轴线	纵向	东营、淄博、博兴、桓台、广饶、临淄、青州	历史遗址、名人故居、风景名胜	科普旅游、休闲旅游、观光休闲
	日照—潍坊发展轴线	纵向	日照、潍坊、五莲、诸城、安丘	民俗风情、风景名胜	民俗体验、观光休闲

（2）黄金海岸旅游区

黄金海岸旅游区包括青岛、烟台、威海、日照。4个沿海城市资源共性明显，4市主要旅游资源都是滨海特色，而且其中的一条主要发展轴线依次将4城市串联起来，因而从资源特色和交通的便利性上将半岛的这4个城市划分为滨海旅游区是合理的。从前文的各项数据分析可以看出，该旅游区既是山东半岛经济最发达又是旅游活动开展最活跃、旅游经济最发达的区域，拥有经济、区位优势的青岛龙头城市和经济发达的烟台、威海等二级城市。从旅游资源、基础设施、旅游接待设施的规模等方面来看，除日照在旅游开发和建设上相对落后之外，旅游区内 3 城市发展水平都比较高，旅游区内基本上呈现出一种比较成熟的多核心空间结构的均衡发展态势。

表 4－12　　　　　　　　　两大旅游区旅游资源明细

指标	黄金海岸旅游区	山水圣人旅游区
旅游资源	人文景观众多，在省内具有较强的垄断性；自然旅游资源丰富，生态环境优良，在全国具有较大的影响力	人文旅游资源丰富，垄断性较高，在世界上具有较大的影响力；自然资源丰富；资源密度较大；生态环境良好
主体产品	主体产品正处在转型期，由以滨海观光旅游、人文观光旅游为主向休闲度假、观光旅游转变。滨海度假、温泉疗养、高尔夫等高端旅游产品所占比重不断提高	以文化观光、体验、山岳观光、水体观光等为主体产品；山地休闲度假产品尚处于起步阶段，高端旅游和大众旅游并重
主要旅游景点	栈桥、八大关、琅琊台、青岛高尔夫俱乐部、雕塑展览馆、体育公园、樱桃村、仰口海水浴场、下清宫、上清宫、华严寺、北九水温泉、五莲山、浮来山、莒县博物馆、日照港、河山、九仙山、宝林寺、卧佛寺、天佛、马旗山、日照水库、银杏王、蓬莱阁、戚继光故居、蓬莱水城、张裕葡萄酒博物馆、牟氏庄园、刘公岛、天鹅湖、烟台金沙滩、威海文化中心、赤山法华院、花斑彩石、崆峒岛、石岛、黄金博物馆、候鸟博物馆、天后宫、月牙馆、肃山度假村、南山高尔夫俱乐部、烟台高尔夫俱乐部、牟平高尔夫俱乐部、泛华高尔夫俱乐部、海阳旭宝高尔夫俱乐部、烟台山、烟台港村里集温泉、徐福故里、七峰山	大明湖、趵突泉、千佛山、四门塔、灵岩寺、五峰山、泉城广场、芙蓉街、山东省博物馆、泉林泉群、尼山鲁荒王陵墓、滕州博物馆、墨子纪念馆、小娄峪、郭氏墓石祠、孟母林、鬼村
主要旅游景区	石老人国家旅游度假区、薛家岛旅游度假区、大珠山风景区、小珠山风景区、灵山岛风景区、田横岛风景区、山海天旅游度假村、大沙洼森林公园、万平口旅游度假村、刘家湾沙滩、岚山沙滩、成山头风景区、昆嵛山风景区、槎山风景区、圣经山风景区、石岛湾风景区、养马岛风景区、乳山银滩风景区、万米沙滩风景区、艾山森林公园	泰山旅游区、孔府孔庙孔林、孟府孟庙孟林、徂徕山风景区、济南跑马岭风景区、肥城桃园

　　根据以上分析，笔者确定了山东半岛区域旅游空间结构中的点：济南和青岛为一级发展节点，按照节点的重要性，烟台、威海、潍坊、淄

博、日照、东营依次为二级发展节点，将诸如章丘、蓬莱等 15 个二级
城市作为三级发展节点。确定了空间结构中的线：济青轴线和滨海轴线
为一级发展轴线，临黄海轴线和临渤海轴线为二级发展轴线以及三条三
级发展轴线。在应用"点—轴"理论进行发展节点的选择时，笔者对
城市综合竞争力、城市资源丰度和城市区位、交通状况进行了分析比
较，济南和青岛在综合分析中占有绝对优势，被列为一级发展节点，因
此在山东半岛区域旅游空间结构的构建时，将济南和青岛列为空间结构
中的点；同理，将济青轴线和滨海轴线列为空间中的线。在进行面的布
局划分时，笔者依据点的个数、点的位置、点在轴线上的分配和轴线的
位置，以及旅游资源的地域构成、交通联系走廊等多种因素分析，并遵
照旅游区划的整合性、区域共轭性、区内相似性、区际交通便利的原
则，将山东半岛区域旅游空间结构中的面划分为两个旅游区：滨海旅游
区和山水圣人旅游区。因此构建形成了山东半岛完备的旅游空间结构体
系，即点——青岛和济南，线——济青轴线和滨海轴线，面——滨海旅
游区和山水圣人旅游区，也即两个中心、三条发展主轴线和两个旅
游区。

第五章 山东半岛城市旅游空间集聚区（群）形成机制分析

第一节 城市旅游空间集聚区（群）：概念、类型与特征

一 城市旅游空间集聚区（群）的概念

（一）城市旅游空间集聚区

陆大道（1995）指出，"点—轴"渐进式扩散的结果，往往要形成人口、经济和基础设施的复集聚，当人口密度和经济实力达到一定程度时，就要形成集聚区；在这里，集聚区是扩大了的"点"或"点"的集合，是最高程度的空间集聚形式。陆大道（l995）把集聚区的形成过程分为两种情况：一是几个工业城市（或交通枢纽城市）相距不远，长期持续发展，使它们相互靠近，联成一体或从宏观上考虑，它们是一个连接为一体的"球形集聚体"；二是在一个大城市的周围，形成若干个小城市，它们彼此接近而形成集聚区。城市旅游空间集聚区（Urban Tourism Spatial Agglomeration Districts，UTSAD）是城市旅游"点—轴"渐进式扩散的结果。城市旅游空间集聚区往往是几条较高等级的城市旅游发展轴线相交后形成的，是与城市旅游发展轴线的形成密切相关的。城市旅游空间集聚区是为数众多的不同等级的城市旅游节点依托不同等级的城市旅游发展轴线在相对密集的发展空间中，通过彼此密切的旅游经济联系与较强的旅游空间相互作用而形成的旅游空间集聚区。城市旅游集聚区旅游资源丰富，旅游发展水平高，旅游流流动频繁，具有开展城市旅游联合发展的条件，并具有空

间一体化发展倾向的旅游区域。

(二)城市旅游空间集聚群

卞显红认为,城市旅游空间集聚区从微空间尺度讲主要是指城市旅游产业空间集聚区,从宏空间尺度讲主要是指随着城市群(带)的形成而产生的城市旅游空间集聚群(Urban Tourism Spatial Agglomeration Clusters, UTSAC)。中国相关学者对城市带、城市群、城市密集区及都市连绵区等进行了一定的研究。笔者借鉴相关研究成果,结合城市旅游发展实践,对城市旅游空间集聚群及其相关概念进行了界定,并以山东半岛城市旅游空间集聚群为例对城市旅游空间集聚群的形成条件进行了分析。

城市旅游空间集聚群,是指在特定的地域范围内具有相当数量不同性质、类型和等级规模的旅游城市及相当数量不同等级的国家旅游区、星级饭店等各类旅游企业,依托一定的自然与人文旅游资源条件,以一个或数个旅游经济发达的核心旅游城市作为区域旅游经济发展的核心,借助于铁路、公路、水路、航空等不同类型旅游交通运输网组成的综合旅游交通通道的通达性,使旅游城市之间、旅游企业之间、旅游城市与旅游区域之间发生内在联系,共同构成的一个相对完整的城市旅游地域空间组织。简言之,城市旅游空间集聚群是由旅游城市、旅游企业、旅游者、旅游从业人员、与城市旅游相关行业、自然与人文旅游资源、社会经济文化要素等组成的区域旅游空间有机体。

城市旅游空间集聚群内旅游要素之间联系度高,具有较大的相似性,可以开展密切的旅游空间竞争与合作。城市旅游空间一体化发展区域的形成是城市旅游空间集聚群发展的高级形态。城市旅游空间一体化是指特定区域内相邻的旅游城市依托自身的城市旅游业发展水平,在旅游资源开发、旅游功能定位、旅游产品与旅游线路设计、旅游项目建设、旅游企业设置、旅游基础设施与接待设施建设、旅游形象塑造、旅游市场联合营销等方面加强协商与合作,签订城市旅游联合或合作协议使不同空间的旅游经济主体为了实现区域旅游规模经济与多方共点目标而产生的旅游产品、旅游资源、旅游形象、旅游项目、旅游政策、旅游市场营销、旅游信息、旅游政策等城市旅游空间要素的空间自由流动及渐趋统一的演化过程。

城市旅游空间集聚群形成的条件有：（1）旅游城市密度高；（2）旅游资源丰富且具有空间差异性；（3）城市旅游经济发达；（4）旅游城市间交通发达；（5）具有十分重要的旅游核心城市。

二　城市旅游空间集聚区（群）的类型

（一）微空间尺度：城市旅游产业空间集聚区

1. 由自然与人文旅游资源空间集聚而形成的城市旅游空间集聚区

城市自然与人文旅游资源十分丰富的区域，在城市旅游、游憩及休闲需求的推动下，旅游资源得以深度开发，一些旅游项目得以兴建，日益成为旅游节点集聚区域。一些城市的国家级与省级风景名胜区往往会成为城市旅游空间集聚区。城市旅游资源空间集聚区内的旅游资源得以深度开发而成为城市旅游发展的优势空间，并成为城市旅游发展的重要增长极。在旅游增长极的带动下，一些旅游项目，如主题公园、旅游度假村等住宿接待设施纷纷在该区域及周边区域兴建，使城市旅游空间集聚区集聚力、吸引力等日益增强。城市旅游空间集聚区的选择、培育对城市旅游发展具有十分重要的作用，它不仅是城市旅游发展的重要推动力量与重要的增长极，也是城市旅游形象的核心标识物及塑造旅游品牌的关键区域。

2. 城市商业游憩与环城游憩空间集聚区

（1）城市商业游憩空间集聚区

随着旅游的发展，城市内部逐渐演化出一种新的功能区——RBD（Recreational Business District），直译为"游憩商业区"，考虑到国内学者的习惯，保继刚（1998）将其翻译为"旅游商业区"。城市 RBD 的类型主要包括大型的购物中心、特色购物步行街、旧城历史文化改造区、新城文化旅游区等。城市游憩商业区的形成是城市商业活动与旅游活动、游憩活动及休闲活动相互作用的产物。城市游憩商业空间应包含旅游者、城市商业游憩吸引物聚集体。

（2）环城游憩空间集聚区

城市旅游开发一般需要建立在良好的资源基础之上，但有时旅游资源不充分，而市场需求又很大，往往需要进行资源创新。大城市人口基数规模大，庞大的出游群体使得在大城市周围，这种旅游资源创新的需求尤为强烈，刺激了环城游憩带的发展。从 20 世纪 80 年代起，以旅游需求为导向的竞争引发了城市内部旅游产品的大规模开发和建设。在城市中心地区，土地资源昂贵，主要是修建都市公园；在距离城市较近的中间地域，土地利用的集约化程度下降，主要建有康乐公园、田园公园、主题公园等，是城市游憩者光顾频率较高的地区；在城市远郊地区，土地利用集约化程度最低，乡村景观的完整性和地方保护性较好，主要游憩地类型有：森林公园、城市野营公园、野生地域和特殊保护地等。吴必虎（2001）以中国最大的城市上海为例对环城游憩带（ReBAM）这一空间模式进行了研究，并认为自 20 世纪 80 年代以来，经过二十余年的发展，中国东部沿海一些大城市周边相继出现了 ReBAM 现象。对于一些大城市来说，环城旅游带并不是普遍现象。卞显红把大城市环城地区由旅游产业集聚所形成的旅游空间集聚区称为城市环城游憩空间集聚区。

3. 城市主题公园空间集聚区

主题公园是具有特定的主题，由人创造而成的舞台化的休闲娱乐活动空间，是一种休闲娱乐产业。山东半岛中心城市，如青岛、济南、潍坊、淄博、烟台、威海、日照、泰安、济宁等城市经济发达、人口密集，旅游经济也十分发达，区位优势明显，是中国主题公园布局的优势区域。城市主题公园空间集聚区是指在城市具有发展主题公园的良好区位内，有数家或数十家大中型主题公园集聚分布的区域，而且该空间集聚区被旅游者明显地感知为主题公园型旅游目的地。

4. 城市旅游度假空间集聚区

中国旅游度假区的建设始于 1992 年，以 12 个国家级旅游度假区的成立为标志。旅游度假区，尤其是国家级旅游度假区所在地，由于拥有得天独厚的自然环境，区位、旅游客源基础也相对较好。随着旅游基础设施与接待设施的逐渐完善，在一些具有良好发展前景的旅游度假区内，旅游项目逐渐得以兴建，旅游度假氛围得以培育，这些逐渐成为城市旅游发展的重要增长极与旅游产业集聚区。

卞显红把城市中这种依托旅游度假区发展而成的旅游产业空间集聚区称为城市旅游度假空间集聚区（Urban Tourism Resort Agglomeration Districts，UTRAD）。

（二）宏空间尺度：都市带旅游空间集聚群与大都市旅游空间集聚区

1. 都市带旅游空间集聚群

中国已形成山东半岛都市圈、珠江三角洲都市圈、京津冀都市圈、武汉成渝经济区等经济圈（经济带）。这些经济圈（经济带）不仅是区域经济空间集聚区，也是旅游产业空间集聚区。其中山东半岛、珠江三角洲、京津冀三大都市圈已形成比较明显的都市旅游空间集聚群。卞显红把随着城市群（带）的形成而出现的城市旅游空间集聚区称为都市带旅游集聚群，笔者把随着山东半岛城市群（带）的形成而出现的山东半岛都市带旅游空间集聚区称为山东半岛旅游圈。

2. 大都市旅游空间集聚区

城市旅游十分发达的大都市在旅游需求与旅游投资的双重推动下，旅游产业空间集聚度非常高，同时旅游产业扩散力随着城市旅游交通基础设施的扩展与延伸及交通、信息等科学技术的进步而逐渐增强。以大都市为城市旅游核心，在其带动下，逐渐形成环都市旅游空间密集区。

大都市旅游空间集聚区并不以都市的行政边界为集聚区的边界，也不以行政区经济为约束，是城市旅游发展过程中客观存在着的，以城市旅游流为基础而形成的。

三　城市旅游空间集聚区（群）的特征

（一）城市旅游发展水平高，城市旅游资源丰沛

城市旅游空间集聚区（群）一般也是城市旅游资源空间富集区。丰富的旅游资源是城市旅游空间集聚区（群）得以形成的重要基础。依托发达的城市旅游交通网，旅游资源得以深度开发，旅游基础设施与接待设施得以逐渐完善，该区域逐渐成为城市旅游十分发达的地区。一般来说，城市旅游空间集聚区（群）在全国及区域旅游发展中占有重要地位，旅游收入等指标占全国的比重也较高。

（二）城市旅游相互作用强度大，旅游经济联系度高

城市旅游空间集聚区（群）各大旅游节点旅游发展实力强，各旅游节点之间距离近，使得节点之间的旅游空间相互作用强度大，旅游经

济联系度高。城市旅游空间集聚区（群）内旅游交通顺畅，各类旅游要素流（旅游资金流、旅游物流、旅游者流、旅游信息流等）流动便捷；各旅游点相互补充；功能各异，特色鲜明，具有很强的互补性，而且各旅游节点等级分明，职能明确，相互补充；城市旅游经济联系紧密，互为客源地与目的地，相互之间存在着密切的竞—合关系。城市旅游空间集聚区（群）是城市旅游空间相互作用强的区域，而且各旅游节点之间旅游经济联系度较高。

（三）旅游交通网络十分发达

旅游交通是加强城市旅游空间相互作用及其相互联系的重要因素。城市旅游空间集聚区一般也是城市空间集聚区（群），依托发达的城市经济，建立了各类旅游交通网。城市旅游集聚区（群）一般是可达性非常高的旅游区域，经过长期的发展，旅游吸引力增强，客源扩大，旅游交通更加便捷。依托四通八达的旅游交通网络，城市旅游空间集聚区（群）成为区域旅游发展的中心，带动了区域旅游经济的发展。

（四）城市旅游节点众多，城市旅游发展轴线交错复杂

城市旅游空间集聚区（群）的典型特征之一就是城市旅游节点众多，而且不同等级的旅游节点在空间上呈集聚分布。城市旅游节点是城市旅游空间的重要承载体，是重要的城市旅游吸引物聚集体，也是城市旅游空间集聚区（群）重要的构成要素。

旅游节点的空间集聚是形成城市旅游空间集聚区（群）的重要条件，但这些旅游节点只有在城市旅游发展轴线，如城市旅游交通发展轴线的串接下才能连成网。城市旅游空间集聚区（群）内不同等级的旅游发展轴线在空间上交错分布，形成一种网络状的复杂空间形态。

（五）城市旅游一体化得到协同发展，可实施城市旅游联合发展

城市旅游空间集聚区（群）不仅具有共同的自然与文化基础，也具有开展城市旅游联合发展的良好条件。事实上，城市旅游空间集聚区（群）既是旅游发展客观存在的一种产物，也是旅游空间发展有意识规划的产物，是随着城市旅游联合发展的开展而逐渐得以形成与完善的一种旅游空间形态。城市旅游一体化协同发展有利于促进城市旅游资源的联合开发、旅游产品与旅游线路的一体化设计、旅游交通

等基础设施的一体化兴建与规划、旅游市场联合开发与联合促销、旅游企业联合发展、旅游业联合管理等。城市旅游联合发展促进了城市旅游空间一体化进程，进而促进了城市旅游空间集聚区（群）的形成。

（六）城市旅游空间等级关系复杂，具有多层次极化特征

城市旅游空间集聚区（群）在形成过程中，核心旅游城市起着极其重要的作用，在经历了极化阶段后，城市旅游空间集聚区（群）的空间结构演化进入相对稳定的阶段。核心城市的旅游发展不能无限制地增长，事实上旅游发展受到旅游资源丰度、旅游接待能力、旅游环境容量等方面的制约，在理论上存在着最大接待量。旅游资源存在地域差异性与互补性，在城市旅游核心区与城市旅游边缘区，旅游资源类型存在着差异，在旅游核心区，旅游发展达到一定水平后，旅游要素会发生扩散，进而促进旅游要素由城市旅游核心区向城市旅游边缘区扩散。在这种扩散机制下，连接城市旅游核心区与边缘区之间的网络化快速综合交通走廊的形成是城市旅游边缘区成为新的城市旅游增长极的一个重要因素。另外，高速信息网络的出现实现了信息在该网络区域流动的最大化，这将有利于实现整个区域的旅游均衡发展。城市旅游边缘区在这种城市旅游非完全集聚的发展路径下，旅游要素如同城市旅游核心区一样产生集聚，从而形成城市旅游多层次集聚与多层次扩散的核心区与边缘区相对均衡增长的空间格局。

四 山东半岛旅游空间集聚区的主要类型

（一）微观尺度：山东半岛主要旅游空间集聚区

1. 主要城市由自然与人文旅游资源在空间上集聚而形成的城市旅游空间集聚区

山东半岛主要由自然与人文旅游资源空间集聚而形成的风景名胜旅游空间集聚区见表 5-1 所示。

表 5 - 1 山东半岛国家级风景名胜集聚区

名称	风景名胜区介绍
青岛崂山风景名胜区	崂山风景名胜区是 1982 年国务院公布的首批全国 44 个风景名胜区之一，以"海上名山第一"而著称。位于山东半岛的南部，青岛市区东北端，面积 446 平方千米，东临崂山湾，南濒黄海，海山相连，水气岚光，变幻无穷，雄奇壮阔，灵秀幽清，为内地名山所不及。风景区由青岛海滨和崂山两处景区组成崂山景区：位于青岛市区东南约 30 千米，面积 300 多平方千米。以崂山为主体，地域辽阔，崂山景区景点甚多，可分为六个小区：南线太清宫区，东线太平宫区，中线北九水区，西线华楼宫区，北线鹤山景区和巨峰崂顶区。崂山自然景观与人文景观交相辉映，尤以"明霞散绮"、"云洞蟠松"等 12 景为最。崂山的主要景点有：龙潭瀑与八水河、太清宫、上清宫、明霞洞、八仙墩、太平宫、白云洞、华严寺、百福庵、华楼宫、九水、巨峰、蔚竹庵、塘子观、法海寺
潍坊市青州风景名胜区	青州风景名胜区位于山东省青州市西南郊，紧邻城区，位置十分优越，总面积 76.54 平方千米。由云门山景区、驼山景区、玲珑山景区、田园风光区、南阳湖景区、昭阳洞景区、仁河水库景区七大景区组成。拥有景点 86 处，主要有山岳、石崖、溶洞、湖体、森林、天景天象等自然风景资源和众多的人文景观，以及优美的传说故事，2002 年 5 月被国务院审定为"国家重点风景名胜区"。位于云门山山顶北面，开凿于明嘉靖年间的摩崖巨"寿"为全国之最。字高 7.5 米，宽 3.7 米，仅寿字下面的"寸"部就高达 2.3 米，故有"南佛北寿"、"人无寸高"之说。据《辞海》记载，"寿比南山"即出自此。驼山石窟造像群为全国重点文物保护单位，拥有大小石窟 5 座，摩崖造型 1 处，造像 638 尊。这些造像，最早的雕于南北朝时期的北周，晚的刻于盛唐，是中国东部最大的石窟造像群，是研究中国古代雕塑、绘画艺术和佛教发展史的珍贵实物资料。玲珑山的"白驹谷题名"是北魏著名书法家、青州刺史郑道昭的摩崖石刻
淄博市博山风景名胜区	博山区被国务院公布为第四批国家级风景名胜区。博山风景名胜区是山东省 1985 年批准的第一批省级风景名胜区，由颜山公园景区、白石洞景区、石门景区、樵岭前景区、五阳山景区、泉河头景区、鲁山景区以及金牛山景区八大景区组成，大小景点 200 余处，景区面积 73 平方千米。近几年来，全区先后投资 3 亿多元对风景名胜区的旅游基础设施和重点项目进行建设，形成原山国家森林公园、鲁山森林公园、开元溶洞、博山溶洞等省内外知名景点
泰山风景名胜区	泰山 1987 年被联合国教科文组织世界遗产委员会列为世界文化、自然双重遗产。泰山古称岱山，又名岱宗，春秋时改称泰山。自然景观雄伟绝奇，有数千年精神文化的渗透渲染和人文景观的烘托，被誉为中华民族精神文化的缩影。 泰山是一座天然的历史、艺术博物馆，仅在泰山的中轴线上就现存着各种石刻 1800 余处。泰山岱庙天贶殿同北京的太和殿、曲阜大成殿并称为中国三大宫殿。在灵岩寺还有 40 尊宋代的罗汉塑像，造型突出个性，充分显示了中国古代精湛的雕塑技艺和艺术表现力。在泰山风景区内，有山峰 156 座，崖岭 138 座，名洞 72 处，奇石 72 块，溪谷 130 条，瀑潭 64 处，名泉 72 眼，古树名木万余株，寺庙 58 座，古遗址 128 处，碑碣 1239 块，摩崖刻石 1277 处。主要分布在岱阳、岱顶、岱阴及灵岩

名称	风景名胜区介绍
山东胶东半岛海滨风景名胜区（威海和烟台）	胶东半岛海滨风景名胜区位于胶东半岛的东北部，包括陆地上的烟台、蓬莱和威海成山头两片景区及海上长山岛、黑山岛等岛屿，整个景区枕山卧海，集中国南北方自然风光与建筑特点于一体，使古典园林建筑与当代建筑风格浑然一体，组成了一幅美丽动人的画面，成为中国不可多得的旅游胜地 　区内海湾岬角曲折多姿，自然景观和人文景观十分丰富。蓬莱位于胶东半岛的北部，是中国历史上的海防重镇，以"海市蜃楼"驰名中外，蓬莱水城设计精巧完备，是国内现存最早，保存完好的古代海军基地，蓬莱阁为中国四大名楼（其余三楼为黄鹤楼、岳阳楼、滕王阁）之一，是神话里"八仙过海"的地方。长岛素有"海上仙岛"之称。威海刘公岛是中国著名的海上重镇，素称"东隅屏藩"。成山头位于山东半岛的最东端，是中国东部的"天涯海角"，留有众多古迹，是历代著名的风景名胜地

2. 主要城市商业游憩与环城游憩空间集聚区

山东半岛城市旅游十分发达，尤其是青岛、烟台、威海、济南、潍坊等中心旅游城市，城市 RBD 空间集聚度很高，这些城市的商业游憩空间集聚区见表 5 – 2 所示。

表 5 – 2　　　山东半岛济南、青岛等市的商业游憩空间集聚区

城市	主要的商业游憩空间集聚区
青岛	中山路、香港中路、台东、李村、崂山（海尔路）、黄岛（长江路和黄岛镇）
济南	泉城路与泉城广场、西市场、老东门、洛口、文化路山师附近
烟台	南大街、海港路、慎礼商住区、三站市场
威海	统一路、新威路、和平路
潍坊	和平路、新华路、金沙城市广场、世纪泰华广场

3. 主要主题公园空间集聚区

目前山东半岛已形成数个特征明显的城市主题公园空间集聚区，主要有潍坊富华游乐园、金宝乐园、青云山民俗乐园、杨家埠民间艺术大

观园、济南金象山乐园、济南九顶塔民族欢乐园、济南世纪园、青岛欢动世界（原中山公园）、青岛海底世界、青岛海洋极地世界、蓬莱海洋极地世界等。济南、青岛、潍坊已形成特征明显的城市主题公园空间（见表5-3）。

4. 城市度假旅游空间集聚区

山东半岛城市度假旅游空间集聚区见表5-4所示。

（二）山东半岛城市旅游空间集聚群（带）：宏观尺度

山东半岛是中国重要的旅游发达城市群。山东半岛旅游圈城市旅游节点密集，城市旅游发展轴线纵横交错，旅游经济发达。山东半岛城市旅游空间集聚群是以山东半岛旅游圈10个旅游城市为核心，以为数众多的城市旅游空间集聚区及各类旅游景区（包括城市RBD、旅游城镇、各级旅游区、风景名胜区、主题公园、星级饭店、旅行社、旅游度假区等）为主要节点，依托发达的旅游交通网络及旅游发展轴线，彼此形成密切联系，并具有空间一体化发展倾向的旅游空间结构形态。

山东半岛城市旅游空间集聚群目前已形成烟、威、青旅游空间集聚群、山水圣人城市旅游空间集聚群、黄金海岸旅游空间集聚群等。

1. 旅游收入指标分析

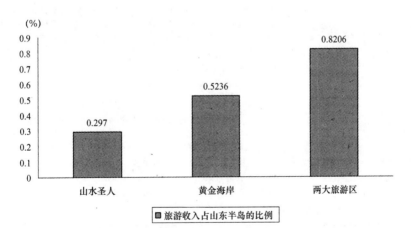

图5-1　2008年两大旅游集聚区旅游收入占山东半岛旅游总收入的比例

表 5 – 3   山东半岛城市群主题公园集聚区

名称	集聚区特色
潍坊富华 游乐园	潍坊富华游乐园是集"旅游、娱乐、餐饮、客房、购物、健身"于一体的现代化大型主题游乐园,占地 20 多万平方米,素有"齐鲁第一园"之美誉。2004 年,富华游乐园被中国游艺机游乐园协会评为"先进乐园"。目前,富华游乐园开放的游乐项目有:过山车、太空飞行、4D 影院、激流勇进、跳伞塔、森林狩猎、旋转木马、环园列车、海盗船等 30 多个。富华荔湾酒店、富华肥牛、富华快餐、水上皇宫餐厅等为您提供各种精品佳肴和地方名吃。富华游乐园水上皇宫已于 2005 年 2 月 6 日隆重开业。该项目占地近 25000 平方米,总投资 1 亿多人民币,是一所设施豪华,水上游乐项目超前,卫生设施完善,集水上游乐、运动休闲、餐饮服务、旅游度假为一体的一流大型室内水上游乐园
潍坊金宝乐园	金宝乐园于 1996 年建成开业,位于潍坊市城区南部,距市中心 3000 米,是"国家 AAAA 级旅游景区"、"全国工农业旅游示范点及山东十大优秀新景点"、"省十佳工农业旅游区"、"省级青少年国防教育基地",总面积 60 万平方米。有娱乐项目 200 多个,集娱乐、休闲、知识和参与性于一体。金宝乐园以独具匠心的设计和巧妙合理的布局,构成了韵味独特、民俗风情浓郁、田园风光独具的观光旅游最佳景地。远眺金宝乐园似一条宽大的绿色蟒带,此起彼伏、郁郁葱葱;近观园内小桥流水、绿树成荫、杨柳婀娜、妩媚多姿。大小景点星罗棋布,雅园、幽巷、风车、瀑布点缀其间,是人们远离喧嚣闹市,享受清静自然的首选,经过多年的发展,园内形成了既关联又自成一体的六大游览景区
潍坊青云 山民俗游乐园	安丘青云山民俗游乐园占地 3000 亩,是国家 AAAA 级旅游景区,位于国际风筝都——潍坊市南 30 千米,是一处突出民俗文化特色,集旅游观光、休闲、娱乐、度假、购物于一体的大型综合性旅游景区。游乐园依托青云山自然地貌,建有江南秀色、民族风情、野生动物、休闲娱乐、齐鲁民俗和桃花源六大功能区
寒亭杨家埠民间艺术大观园	杨家埠民间艺术大观园建于 1986 年 5 月,是目前国内最大的风筝厂。风筝厂是集风筝生产、年画印刷与民俗旅游为一体的民间艺术大观园,产品获"山东省工艺美术百花奖"、"中国民间艺术一绝大展银奖"、"中国出口商品展览会优秀产品奖"、"国际风筝博览会金奖"等多项大奖。杨家埠大观园的风筝作坊、年画作坊、风筝年画陈列馆、明清民俗陈列室、明清古典铺一条街、婚俗民俗表演以及新开展的住农家屋、随农家俗、吃农家饭、民风民俗游,吸引了大批国内外游客,成为潍坊市与世界各地进行文化交流的主要纽带

续表

名称	集聚区特色
济南金象山乐园	金象山乐园坐落于济南南部山区仲宫镇商家，群山环抱，山清水秀，天高云淡，树木苍劲挺拔，郁郁葱葱。冬季白雪皑皑，银装素裹；夏季绿树环抱，凉爽宜人，堪称省内独一的峡谷风景区。金象山乐园作为省城唯一一家建在幽谷中的大型综合型游乐场，引进了省内独有的大型电动项目，200多种游乐项目的完美结合，实现了古朴自然风光与现代游乐设施的完美结合
济南九顶塔民族风乐园	九顶塔民族风情园位于历城区柳埠镇，距济南市区26千米，是按4A景区标准建设的综合性文化生态、旅游景区，该项目由山东华洋置业集团独家投资建设。该项目占地1000余亩，由民族、民俗风情区，游乐区，度假区和风景名胜区四大功能区组成。
济南世纪园	济南世纪园位于济南南部山区，是2008年新开发的旅游景区，济南世纪园的位置坐落在济南后花园——南部山区，世纪园距离济南市区20千米，在卧虎山水库西岸，山清水秀，景色宜人。世纪园的景点主要有大型卡通城堡，大型游乐场，室内和室外戏水乐园、水上餐厅等。高尔夫练球场、专业滑雪场；由会议住宿，高档度假休闲会所、水疗、娱乐、标准室内游泳池以及发达的餐饮群、10余个风格各异，能容纳千人的会议机构组成的度假会议系统
青岛欢动世界(原中山公园)	"青岛欢动世界"主题乐园总占地面积3.5万平方米。乐园位于青岛百年景区中山公园内，北依太平山，南临汇泉湾，西接八大关，形成了依山傍海的独特地理区位。园区内主题鲜明、色彩绚丽的游乐设备与林木葱郁、鲜花烂漫的自然环境有机融合在一起，成为国内迄今为止生态环境最为和谐优美的主题乐园。"青岛欢动世界"是国内首家开放式主题乐园，也是世界首家通过游乐设备外观涂装突出主题色彩的乐园
青岛海底世界	青岛海底世界位于青岛莱阳路2号，毗邻青岛著名风景区鲁迅公园和第一海水浴场，总建筑面积7000平方米，水体4000吨。青岛海底世界主要由潮间带、海底隧道和地下四层观光建筑三大部分构成，展示部分完全在地下。潮间带长35米；海底隧道长86.2米，宽2.5米，隧道拱形玻璃的弧度采用180度的常规角度、254度大角度、360度圆柱水体及窗式玻璃等多种形式相结合的造型结构，行走在隧道中，便如同置身于海底，大大小小的鱼儿在身边游弋，还能看到人鲨共舞的场面；地下四层有高达7.6米，目前亚洲最大的单体圆柱展示水缸，展示一些珍贵的珊瑚礁生物。独特的地理位置，现代化的展示手段，使其成为全国独具特色的海洋生态大观园。青岛海底世界集海底观光旅游和海洋科普教育于一体，填补了山东省海底世界项目的空白，并创下多项全国第一，形成了青岛黄金海岸线上一道独特的亮丽风景线，是全国独具特色的海洋生态大观园

名称	集聚区特色
青岛极地海洋世界	青岛极地海洋世界坐落于石老人旅游度假区南面。青岛极地海洋世界背靠青山，三面临海，风光秀美，交通便利。它是在原青岛海豚表演馆的基础上投资兴建的，集吃、住、行、游、购、娱为一体，以海洋公园为主题的大型开放式旅游项目。青岛极地海洋世界由极地海洋动物馆、海洋科技馆、酒吧休闲餐饮一条街、海景商街、四星级海景酒店、渔人码头六大功能区构成。极地海洋动物馆的场馆建筑面积为 47000 平方米，外观造型从侧面看犹如一艘帆船，"船体"高 31 米，船帆的两个至高点分别为 44.4 米和 55.4 米。这里拥有目前世界上最大的极地海洋剧场，其建筑面积 4500 平方米，观众席设有 2800 个座位，白鲸、海豚、海狮、海象等珍稀海洋哺乳动物将同台表演，不仅有人鲸共舞的静谧世界，还有小动物参加奥运会热身赛的空前盛况
蓬莱海洋极地世界	蓬莱海洋极地世界位于蓬莱—长岛客运码头南，展示面积 5.28 万平方米，汇集了北极熊、白鲸、企鹅、海象、海狮、海豚等世界各地近千种海洋生物，集观赏性、娱乐性、趣味性、惊险刺激和反映海洋文化、海洋科技于一体，通过动、静结合的方式让人们了解更多的海洋知识，提高生态保护意识，是目前亚洲规模最大、展示内容最全最丰富的海洋极地世界，被中国海洋学会认定为"科普教育基地"。穿过 100 多米长的海底隧道，进入海洋世界的中心区域。这里展示了来自世界各地上千种海洋生物。蓬莱海洋极地世界还专门设立了互动区、标本区和科研馆等馆区，突出互动性、参与性和教育性，承担着向游客传播海洋生物知识、海洋生物科研情况等职能，使游客在观赏海洋生物的同时，能更多地走进海洋、了解海洋，同时也为濒危海洋物种的驯养繁殖、搁浅误捕海洋生物的救治打造了平台

表 5 - 4   **山东半岛旅游度假区集聚区**

地区	名称	集聚区介绍
济南市	五峰山旅游度假区	位于济南市长清区城区东南 10 千米处。此山属泰山山脉，与泰山、灵岩山并称"鲁中三山"。这里因会仙、志仙、群仙、望仙、聚仙五个秀丽的山峰并列而得名。在五峰环抱的绿树浓荫之中，宫、观、亭、台相互掩映，风景绝佳，人称有八景，即青崖积翠、润玉七峰、明泉早照、凤山烟雨、滚栗朝霞、鱼台钓月、杏堤春晓、薛岭牧樵，景景生辉，处处生情。这里群山绵延，山清水秀，是一块难得的风水宝地。古时道教十分兴盛，道观规模宏大，故分南、北两观。北观即"洞真观"，观内碑石林立，宫观殿宇数百间，主要有玉皇殿、真武殿、三元殿、清泠亭、石牌坊等。历史上，宫观殿宇几遭战火破坏，现尚存历代碑碣百余块，尤以"崔先生像赞碑"最为珍贵，此碑书、画刻俱佳，多为历代金石家所著录。南观称元都观，又名玄都观，是明朝德王府的陵园，陵内有明德庄王、德懿王、德怀王、德恭王、德定王、德端王六座寝墓，最近发掘的德庄王墓，其规模与明十三陵明墓相差无几

地区	名称	集聚区介绍
青岛市	石老人国家旅游度假区	是青岛市于1992年经国务院批准成立的国家级旅游度假区,位于石老人村西侧海域的黄金地带。规划面积10.8平方千米,西起南京路与东海路交汇处,东到石老人村。北侧有浮山、金家岭山、午山三山环抱,南侧为宽阔平缓的沙滩和狭长的岸线,自然环境十分优美。度假区自成立以来,不断招商引资,先后建起了国际啤酒城、青岛市文化博览中心、海尔科技馆、石老人海水浴场、海洋游乐园、海豚馆、国际高尔夫球场、颐中体育中心及高级别墅区。度假区以山海风光、啤酒文化、渔村民俗、美食购物、海洋娱乐为主要特色,划分为综合服务区、海上公园及海上游乐区、度假别墅、啤酒文化城、高尔夫球场、健身休闲区等功能小区
	薛家岛旅游度假区	是山东省人民政府1995年11月批准设立的省级旅游度假区,位于青岛经济技术开发区内。度假区内阳光、大海、沙滩、绿地交相辉映,是海上游乐、陆地游玩、夏季游泳、冬季游览的旅游胜地。度假区坐落于一狭长半岛上,规划面积9.8平方千米,呈东北西南走向,海岸线长54千米,东北部为山地,中部为平原,西南部为丘陵,像一只展翅欲飞的凤凰,横卧在黄海之滨。薛家岛旅游度假区可分为:山里景区、金沙滩景区、银沙滩景区及竹岔岛景区。其中最长的一处因沙质金黄而得名金沙滩,长3.5千米,宽300米,水清滩平,沙细如粉,已辟为海水浴场,是目前旅游度假区中的重要旅游景点之一。这里不仅自然景观优美,人文景观也十分丰富,明朝大将军薛禄之故里就在旅游度假区内
	琅琊台旅游度假区	是1995年经山东省人民政府批准设立的。该度假区位于琅琊台国家风景名胜区北侧,东靠龙湾,北连车轮山,依山傍海,景色宜人。龙湾海滩长5.6千米,宽800米,滩面平缓,海水洁净,被誉为"碧波、银浪、金沙滩",是难得的天然海水浴场。度假区内有设有古代竞技设施的龙湾乐园,龙湾海水浴场建有别致的休闲屋,度假区还推出民俗游活动,游人在渔民家吃渔家宴,随渔民出海体验全新感受和领略海上风光。度假区规划面积9.8平方千米,内设传统文化区、盐水湖风光区、点将台综合服务区、金海湾娱乐区、徐福里山庄别墅区等功能区,已建成融服务、经贸、游乐、健身、避暑、疗养等功能于一体的旅游度假区
	田横岛旅游度假村	在即墨市田横镇东部海面3.5千米处,有一面积为1.4平方千米的东西狭长岛屿,即青岛著名的风景名胜区——田横岛。此岛因汉初齐王田横率部在此栖居而得名。岛西部高岗上有一大冢,周长约30米,高约2.5米,此即田横岛五百义士合葬墓,为岛上最著名的历史遗迹。田横碑亭立于墓冢偏北侧,始建于1982年,亭正中为田横史碑,碑文详述了田横自刎及500义士慕义死节的史实。墓冢南侧为17米高的花岗岩田横雕像及义士群雕,威武庄严,气势非凡。村内建有梦海园、九龙居和中国园三大别墅建筑群,还设有迷你高尔夫乐园、电子游戏城、健身美容城、射击场、儿童乐园等,开展环岛旅游、海上垂钓、冲浪、跳伞等娱乐项目。除度假村外,岛上还有田横智布疑阵的悬羊击鼓岛、老仙洞、田横井、神龟石、龙戏水、海市蜃楼等奇观,堪称世外桃源

地区	名称	集聚区介绍
烟台市	金沙滩旅游度假区	1993 年 10 月 26 日，经山东省人民政府批准，烟台金沙滩旅游度假区成立。它西起烟台经济技术开发区的岗嵛山至夹河口，经芝罘区的芝罘岛，东至莱山区的黄海旅游带，沿海滨拓展，总面积为 23.5 平方千米。金沙滩度假区，大海碧波万顷，沙滩细柔洁净，林带郁郁葱葱，山水林滩相映成趣，景色秀美，气候宜人。沿海滨风光旅游带，依次分布有金沙滩国际海水浴场（现改为金沙滩海滨公园）、七彩城嬉水乐园、秦始皇东巡宫、阳主庙、芝罘岛观光索道、黄海游乐城等各具特色的旅游景点。度假区内交通便利，绿地翠盖，旅游服务设施日益完善，已建有三星级饭店 4 家、二星级饭店 1 家、旅游涉外饭店 8 家，旅游度假别墅群、公寓楼娱乐设施齐全，初步形成了休闲度假的旅游环境
	牟平养马岛旅游度假区	地处烟台东 30 千米，牟平区城北 9 千米的黄海之中，总面积 13.82 平方千米，辖 8 个行政村，居民 7000 多人。据记载，前 219 年，秦始皇东巡途经此地，见岛上水草茂盛，群马奔腾，视为宝地，便指令在此养马，专供皇家御用。养马岛因此得名。岛内东侧另有小岛，状若巨象饮水，故亦名象岛。岛上丘陵起伏，草木葱茏，山光海色，秀丽如画，海岛呈东北西南走向，地势南缓北峭，岛前海面宽阔，风平浪静，岛后群礁嶙峋，惊涛拍岸；东端碧水金沙，是优良浴场。西端水深浪小，是天然良港。岛上气候宜人，冬无严寒，夏无酷暑，年平均气温 11.8℃，素有"东方夏威夷"之美称。1984 年，养马岛被列为山东省重点旅游开发区，1991 年又被国家定为 84 个旅游景点之一。1995 年 1 月被山东省政府正式批准为省级旅游度假。目前岛上建有各类宾馆、休养中心 40 多座，天马广场、赛马场、海滨浴场、海上世界、御笔苑等大中型综合娱乐景区点 15 处，形成了以海滨娱乐、度假休养为主，辅以观光浏览秦汉文化的综合性旅游度假胜地
	蓬莱旅游度假区	蓬莱依山傍海，风景秀丽，境内有驰名中外的国家重点保护文物蓬莱水城和蓬莱阁，有令人神往的"仙阁凌空"、"渔梁歌钓"、"日出扶桑"等十大景观，加之独具"海市蜃楼"奇观和"八仙过海"的美传，素以"人间仙境"著称于世。蓬莱交通十分便利，东距烟台机场、烟台港 70 千米，南距青岛机场、青岛港 200 千米；206 国道和 4 条省级公路穿越境内。沿海有中小港口 4 个，拥有万吨级泊位 3 个，5000 吨级泊位 2 个，现已开通了山东半岛与辽东半岛的客货运输航线，和通往中国香港、日本、韩国等国家和地区的货运航线。1996 年，蓬莱新港被国家批准为一类对外开放口岸，可与世界各地直接通航
	海阳旅游度假区	位于山东省海阳市南端，南临黄海。2001 年 12 月由山东省人民政府批准设立。海阳旅游度假区规划控制面积 26 平方千米，中心区面积 12 平方千米。以凤山为中心，两侧各有弧形海滩对称分布，状如伏鸟舒翼，酷似展翅欲飞的凤凰。"特色景区"主要有享有"亚洲唯一纯正苏格兰风格"美誉的海阳旭宝高尔夫球场、曲折绵延 20 多千米的万米金滩和 60% 以上的植被依然保持自然原始生态的海滨景观带，同时还有湿地公园、沙雕艺术节、海滨商务酒店、足球训练基地、海滨特色别墅等。旭宝高尔夫俱乐部占地 1362 亩，包括一座 18 洞 72 标准杆、符合国际锦标赛标的高尔夫球场、高尔夫酒店公寓别墅以及配套的休闲度假设施

续表

地区	名称	集聚区介绍
烟台市	莱山旅游度假区	莱山旅游度假区分为海滨度假、生态观光、健身娱乐、购物休闲和综合服务区 5 个功能小区。海滨度假区将充分利用 10.5 千米的黄金海岸 3 个天然海水浴场，是为游客提供海滨休闲度假的理想场所；生态观光区以总投资 40 亿元的大南山中央城市公园为主，可使游客尽情体验都市中山地休闲的快乐；健身娱乐区中的烟台体育公园已成为国家 3A 级景区，是游客旅游健身休闲的理想场所，它将引进各种大型娱乐活动，以各种赛事和娱乐演出活动吸引国内外游客；位于雨岱山的烟台渔人码头项目建成后，将成为烟台未来旅游的亮点，也是度假区的综合服务区，将为游客提供食、住、游、购、娱等全方位的综合服务
济宁市	北湖旅游度假区	北湖位于山东省济宁市区南 6 千米处，地处苏、鲁、豫、皖四省交界处，南临烟波浩渺的微山湖，北依五岳之尊的泰山，东连孔子故里曲阜，西临水泊梁山，与"牡丹之乡"洛阳、菏泽相望。集游乐、休闲、度假、水上运动、养殖于一体，是山东省新兴的旅游观光胜地，被誉为鲁西南大地上的一颗明珠。1996 年被山东省人民政府批准为省级旅游度假区。小北湖水源充沛、日照充足、碧波荡漾，草丰鱼跃、荷花争艳、风景秀丽、气候宜人。湖区堤岸平直，一般水深 1.5—2 米，湖底平坦，湖中有 7 个小岛。每年济宁市"荷花会"都在此举行，吸引了大批中外来客赏荷、垂钓、观光、旅游
泰安市	泰安旅游区	泰安旅游经济开发区地处山东省泰安市西部，依傍驰名中外的"世界自然与文化遗产"泰山，是经山东省政府批准的省级旅游度假区，规划面积为 23.9 平方千米。开发区青山碧水，地形地貌绵延平缓，起伏有致，是由丘陵、湖泊、溪流、山谷构建形成的自然景观。这里气候宜人，植被葱郁，生态环境保持良好，每年有成群的天鹅、灰鹤、野鸭前来御寒过冬。区内天平湖是泰山脚下一颗璀璨的明珠，湖水面积 3 平方千米，平均水深 7 米，最深处达 17 米。湖水源自泰山山脉丰盛的雨水和溪泉，清澈纯净，是开发区最具魅力的天然资源
威海市	环翠度假区	省级旅游度假区，位于山东省威海市环翠区西海岸。度假区两面环山，两面临海，山水相依，林海相恋，鸥燕绕岛，白浪舔沙，地理位置优越，交通便利，距威海市中心仅 8.5 千米。整个度假区被规划为 7 个功能小区。度假区内已建成的景点主要包括中央电视台威海影视文化城、绿海娱乐中心、匹特博俱乐部、海湾大桥等。海湾大桥两侧屹立着亚当和夏娃的雕塑，仿佛在阐释这个地方的多情和浪漫

地区	名称	集聚区介绍
威海市	乳山银滩度假区	度假区于 1992 年开始兴建，1994 年被山东省人民政府批准为省级旅游度假区，位于青岛、烟台、威海三市交汇处，属典型的温带海洋性气候，集山、海、岛、湖、泉、河、林和历史传说于一体，极具观赏价值，因沙质银如雪，软如苔而得名"银滩"，被誉为"天下第一滩"。度假区在开发建设中注重对环境的保护。景观突出生态型、花园式滨海旅游度假区，区内旅游资源与旅游业开发相得益彰，周边环境与景观极具协调性。度假区内已建成海林、明月、中豪、丽日园等旅游度假单元 20 多个，宾馆酒店 20 多家，8 个足球训练场，1 个比赛场地，以及蓄水量 300 万立方米的潮汐湖河宫家岛、三观亭、仙人桥、垛崮山、和尚洞等自然景观；区内的海上娱乐项目有豪华游乐艇、水上划船、海水浴场、海上乐园等，陆上娱乐项目有沙滩排球、松林吊床、旱冰场、跑马场、钓鱼场等
	荣成石岛湾旅游度假区	荣成石岛湾省级旅游度假区，1992 年 8 月创办，规划陆地面积 10 平方千米，南临石岛湾，隔湾与石岛、镆铘岛相望，北依朝阳山，与宁津镇、东山镇、斥山镇相连，地势起伏，错落有序，交通十分便利，自然风光秀丽，气候宜人。该区自古就是中、日、韩三国人民友好往来的著名商埠，有北方"小香港"之美誉。依据地形、地貌，荣成石岛湾度假区被规划为海边游憩区、朝阳山动植物保护区、行政办公区、生活区、高科技产业区 5 大区，发展方向以旅游、休闲、商贸服务、金融、教科研等产业为主，兼顾发展高科技产业，逐步将该区建成集旅游、科、工、贸、学于一体的现代化海滨城镇。荣成石岛湾度假区有上万平方米海水浴场，已在沙滩上建起以船体造型的双圆宾馆为主体，周围以蟹、贝、水母、海螺、海胆等仿海洋生物的建筑小品为点缀的完善服务设施，这里已成为中小学生夏令营和游客夏日消暑的理想之地；海滨游憩区，已形成一道别致的风景线。该区距国家一类对外开放港口石岛港和石岛国际渔港渔货贸易港 2 千米，有客货轮可通大连、天津、烟台、青岛、香港等大中城市，并可直航于世界各大港口
	成山卫天鹅湖旅游度假区	天鹅湖旅游度假区坐落于胶东半岛最东端，富饶美丽的成山卫镇境内，东南两面濒临渤海，四季分明，年平均气温 11.8 摄氏度，属中纬度温带季风性海洋气候。由成山卫镇党委、政府于 1992 年依据自身独有的万亩林海、万只天鹅、万米金滩旅游资源自费创办，1995 年被山东省人民政府批准为省级旅游度假区，1997 年被列为国家级名胜风景区、国家级自然保护区。区内拥有世界上最大的天鹅栖息地——成山卫天鹅湖。湖内水质清洁明澈，沙滩纯净金黄，蓝天碧水金沙滩，景色秀丽，气候宜人。每年 11 月至翌年 4 月，万只大天鹅、几万只野鸭、大雁不远万里，从西伯利亚、内蒙古等地呼朋唤友，成群结队悄然降落，栖息越冬，形成世界上最大的天鹅湖，被国内外专家学者誉为"东方天鹅王国"。湖与海由一条宽 100 米的大沙坝相隔，形成天然的上万平方米海水浴场和沙浴场地。自旅游开发区建成后，该区十分重视旅游资源的开发，已建起大型海上游乐公司、大型娱乐城、大型跑马场，使之迅速成为一处集旅游、休闲、度假、娱乐于一体的现代旅游度假胜地

续表

地区	名称	集聚区介绍
日照市	山海天旅游度假区	位于日照新市区东北部，这里集蓝天、碧水、青山、绿树和金色沙滩于一体，是经省政府批准设立的融旅游度假开发、高新技术开发、行政管理于一体的省级旅游度假区。该旅游度假区总面积74平方千米，海岸线长达17.5千米，属暖温带湿润季风区海洋性气候，冬无严寒，夏无酷暑，平均气温12.2℃，日照2524小时，降水量917毫米，是山东省境内少有的富水区。度假区位于湾长水深的避风港区，既无台风袭击，又无工业污染，空气中负氧离子含量很高，多年来一直保持"空气质量为一级"、"海域水质为一类"、水质合格率达100%的好水平，被中外环保专家誉为"最佳居住环境区"。海滨景色，风光旖旎。15千米的金沙滩，分南北两段，纵贯全区，自南而北，分布着日照市第二、第三、第四海水浴场。这里沙软滩平，风轻浪缓，蓝天碧水，游人如织，是消夏、避暑、洗浴、健身的理想场所

　　山东半岛10城市在山东省城市旅游发展中占据重要地位。由图5-1、图5-2、图5-3可知，2004—2008年7市旅游总收入占山东半岛的比重一直占80%以上，这在一定程度上说明山东半岛城市旅游核心空间结构特征依然显著。

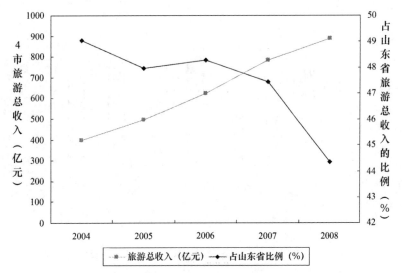

图5-2　2004—2008年青岛、烟台、威海、日照4市旅游
收入及占山东省旅游总收入的比例

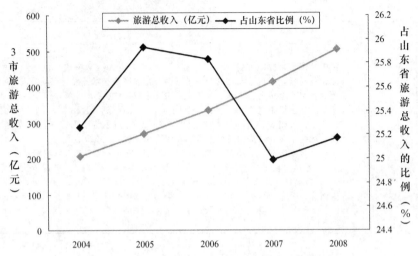

图 5 - 3   2004—2008 年济南、济宁、泰安 3 市旅游总收入及
占山东省旅游总收入的比例

2. 旅游资源指标分析

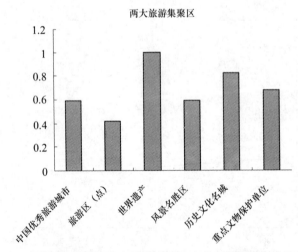

图 5 - 4   两大旅游集聚区旅游资源占山东省旅游资源的比例

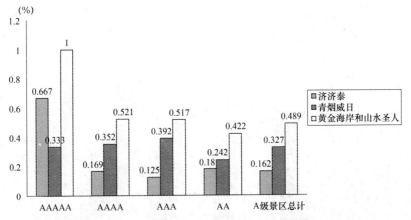

图 5-5　两大旅游集聚区 A 级景区占山东省 A 级景区的比例

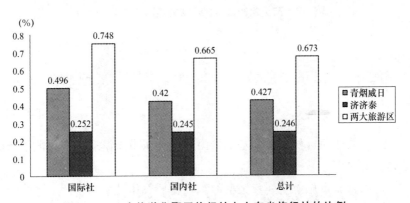

图 5-6　两大旅游集聚区旅行社占山东省旅行社的比例

笔者主要从中国优秀旅游城市、国家 A 级旅游区、世界自然遗产、森林公园、风景名胜区、国家历史文化名城、全国重点文物保护单位方面对山东半岛两大旅游集聚区旅游资源数量占山东省的比重进行了分析(图 5-4、图 5-5)。两大旅游集聚区国家 4A 级旅游区占山东半岛旅游圈的比重为 42%；中国优秀旅游城市 18 个，占山东半岛 10 市的 60%；国家级历史文化名城 5 座，占山东半岛旅游圈的 83%；世界自然文化遗产 2 处，占山东半岛旅游圈的 100%；风景名胜区 18 个，占山东半岛旅游圈的 60%；全国重点文物保护单位 68 个，占山东半岛旅游圈的 68%。总之，各类旅游资源在两大旅游集聚区高度集聚。

　　3. 旅游产业要素指标分析

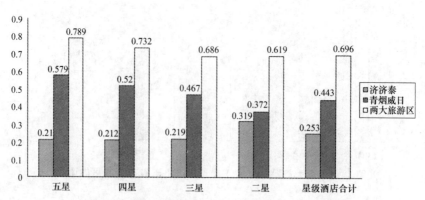

图 5 - 7　两大旅游集聚区星级饭店占山东省的比例

第二节　山东半岛城市旅游空间集聚群形成机制分析

一　共同的自然与人文基础是山东半岛城市旅游空间集聚群形成的重要基础之一

　　可以将城市旅游空间集聚群的重要特征看作是城市空间一体化发展的区域，因此，城市旅游空间集聚群需要有共同的自然与人文基础。

　　（一）自然条件与区位条件是山东城市旅游空间集聚群形成的基础条件

　　山东半岛旅游圈北融环渤海经济区，南近长三角经济区，西连广大的内陆地区，东与日本、韩国两个亚洲游客源输出大国一衣带水，旅游区位条件得天独厚。

　　山东省的交通基础设施建设在全国处于领先水平，主要沿海城市陆、海、空交通立体发展，交通比较优势十分明显。

　　地理位置优越、基础设施发达。京沪铁路、京九铁路及京杭大运河纵贯山东中西部，将山东省与沿海及内陆各省连接起来，胶济铁路把省会济南与沿海地区连接起来。青岛、烟台和威海航空交通发达，青岛有直飞中国香港、中国台湾、日本、韩国、新加坡的国际航班，烟台有往返中国香港、大阪和首尔的直飞国际航班，威海也开通了直飞首尔的国际航班。沿海城市还有通往周边邻国的海上航线。比较发达的交通运输条件，为旅游业的发展提供了良好的基础。

表 5 - 5　　　　　山东省 17 地市生态环境质量评价结果

位次	地市	生态环境质量综合指数	生物丰度指数	植被覆盖指数	水资源指数	土地退化指数	环境污染指数
1	威海	75.82	96.54	94.55	56.12	28.61	96.22
2	烟台	70.61	79.97	98.88	49.1	36.07	91.55
3	日照	68.52	77.26	63.96	65.24	45.36	94.35
4	临沂	61.02	77.88	54.43	47.54	52.22	70.47
5	淄博	59.75	77.65	68.49	41.97	52.32	44.18
6	青岛	59.24	81.52	70.97	32.96	21.92	90.63
7	潍坊	59.17	79.32	69.79	45.14	23.37	66.24
8	莱芜	58.10	72.27	73.55	42.68	47.81	38.64
9	滨州	57.87	65.82	56.07	48.47	61.53	55.59
10	泰安	56.69	70.03	52.01	56.39	38.52	54.02
11	东营	55.42	74.2	55.71	41.49	63.85	50.66
12	济南	52.11	71.44	62.53	39.72	30.65	36.45
13	枣庄	51.72	70.73	71.09	36.63	17.69	44.75
14	聊城	51.57	62.35	43.61	51.4	43.28	48.05
15	济宁	51.46	74.5	37.68	56.91	19.01	44.97
16	德州	47.47	62.48	52.22	29.57	24.55	72.06
17	菏泽	40.48	55.75	41	37.00	12.24	44.69

　　马波教授从山东区域生态环境特点出发，在广泛征求专家意见的基

础上，参照国家、省生态示范区建设考核标准，从生物丰度、植被覆
盖、水资源、土地退化、环境污染等方面选择 5 大类，32 项指标，建
立了山东省生态环境综合评价指标体系。其中生物丰度指数、植被覆盖
度指数、水资源指数、环境污染指数、生态环境综合质量为正向指标；
土地退化指数为负向指标。计算结果见表 5 - 5 所示。

从表 5 - 5 中可以看出，山东半岛旅游圈 10 市的生态环境质量在山
东省 17 地市中列前位，生态环境质量优良，为发展休闲度假旅游提供
了较好的生态条件。

（二）旅游资源空间互补性是山东半岛城市旅游空间结构形成的资
源基础

山东半岛城市群的旅游资源具有以下主要特征：

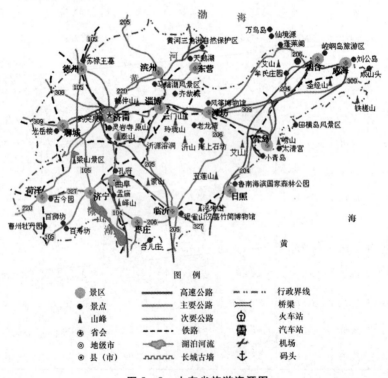

图 5 - 8 山东省旅游资源图

1. 海滨类旅游资源分布广，面积大，质量高，竞争力强

山东省具有广域吸引力的海洋、海滨、岛屿和海产资源主要集中在该区，在总量上占山东省的95%以上。拥有3000千米的海岸线和299个大大小小的岛屿，日照、青岛海滨，烟台黄金海岸，威海银滩等区段品位一流，具有吸引国际度假游客的潜力；拥有14个滨海的国家和省级旅游度假区，占全省旅游度假区总数（16个）的87.5%，其中青岛的石老人度假区是山东省唯一的国家旅游度假区；黄河三角洲入海口滨海湿地，为山东省唯一也是中国北方地区唯一的以入海口湿地为主体的国家自然保护区；位于黄、渤海交界处的长山列岛，自古为京津禁喉，其中的长岛县是山东省唯一，是全国14个海岛县之一。以纯自然的原生态资源环境而闻名，有条件建设成为具有国际吸引力的海岛度假地；拥有黄、渤海分界线，独享"朝看黄海日出，暮赏渤海日落"景观，拥有丰富的海洋和海产资源。

2. 山岳类旅游资源数量众多，分布均匀

山东半岛城市群自西向东，分布着几十座大小高矮不同的山地丘陵，总量占据全省的一半多。其中，泰山是世界自然、文化遗产。崂山以"海岸名山第一"、"全真第二丛林"而闻名；沂山有"华夏五镇之首，天下雄狮第一"的美誉；鲁山则被称为"鲁中真自然"。

3. 历史文化底蕴深厚，民俗资源丰富多彩

山东半岛城市群的历史文化旅游资源独具特色，以曲阜、邹城为中心的齐鲁文化、以淄博为中心的齐文化吸引着中国乃至世界人们的眼球；青岛、烟台、周村等中国近代较早的开埠地区，至今仍保留着众多的开埠文化遗存。另外，蓬莱的神仙文化和神话传说、刘公岛的海军文化、潍坊的风筝和木版年画等传统民俗文化、整个沿海地区的渔业和渔家生活文化等都极具吸引力：潍坊、淄博被称为"山东人和山东人的生活"的典型代表区，是山东省民俗旅游的标志性区域。

国内游客对山东半岛城市旅游资源形象的感知主要集中在碧海蓝天（85%）、山水风光（74.5%）、文物古迹（62.6%）、民俗风情（50%）上。青岛、烟台、威海、日照是沿海城市，游客对海滩类旅游资源形象的感知较高（17.3%）。国内旅游者对山东省10市的旅游资源感知具有一定的差异性。虽然山东半岛10市旅游资源相互之间具有

互补性,但在整体上又被感知为具有丰富的山水风光与文物古迹旅游资源的旅游胜地,具有整体性。这种旅游资源的互补性与整体性是山东半岛旅游圈空间结构形成的重要机制。

资源条件与自然区位是山东半岛旅游圈形成的自然禀赋。在山东半岛旅游圈内,中国优秀旅游城市、国家级与省级历史文化名城、国家级与省级风景名胜区、国家森林公园、国家旅游区众多。

（三）文化区位条件是山东半岛都市旅游空间集聚群形成的强大推动力

山东半岛还存在着一个强势的区域文化共同体:"齐鲁文化"。齐鲁文化区域包括以曲阜、邹城为中心的孔孟文化,齐鲁文化影响了整个亚洲,被称为"东方文明曙光"的东夷文化发源于此,以齐国故城遗址为实体代表的齐文化是中国古代最具开放性的地域文化,对后世影响深远;以淄博为中心的齐文化与黄河流域的秦晋文化、幽燕文化、河套文化,山东半岛的吴越文化,辽河流域的红山文化,珠江、闽江流域的闽粤文化,同为中华炎黄文化之源。

二　发达的城市与旅游经济:山东半岛城市旅游空间集聚群形成的基础之二

（一）山东半岛城市群、城市带、都市连绵区的形成

城市在区域旅游发展中的主体地位体现在三个方面:(1)城市是区域旅游客源的主要提供者;(2)城市也是区域旅游吸引中心,尤其是经济发达、旅游资源丰富的中心城市,对游客更具有核心的吸引力;(3)中心旅游城市通过交通通信网络与周边地区构成一个相对独立的客流、物流和信息流的旅游流系统。

山东半岛城市群是城市密集区,青岛、济南、烟台是山东省的三大城市,在经济总量、城市建设水平和基础设施的完善程度等方面均列山东省前茅(见表1-2)。青岛是山东经济中心城市和最大的港口城市,经济总量、外向度在山东省首屈一指,荣获远东唯一的"世界最美海湾"称号,并被认为是具有国际五星级水准的城市,奥运会帆船比赛的成功举办,使青岛的知名度和美誉度显著提升;烟台是渤海湾黄金水道上的枢纽城市,产业结构完整,社会经济发达,在环渤海地区有很高

的地位；威海城市环境优美，先后获得"联合国人居奖"、"中国人居环境奖"、"中国人居环境范例奖"等称号，在国内有很好的口碑；日照是一座"绿色、生态、和谐、宜居"的滨海新城，因出色的人居环境和生态环境规划，2008 年获得"中国人居环境奖"，2009 年又被联合国人居署授予"联合国人居奖"，旅游度假发展潜力巨大。

自古以来，山东半岛城市经济联系紧密，区域一体化发展的自然推动使山东半岛已具备初步的一体化基础设施，尤其是一体化的旅游交通基础设施及密集的旅游交通网络对推动山东半岛城市旅游空间集聚群的形成起到了基础性的作用。山东半岛城市沿胶济铁路线两边分开布局，在胶济线上就有济南、淄博、潍坊、青岛 4 市。区域以济南、东营、威海、日照 4 市为端点呈菱形分布，布局呈"点—轴"模式并扩展成带状模式，城市的集聚和辐射效应逐步增强。如胶济产业带、环半岛产业带及青烟产业带等，初步形成了国内粗具实力的经济带，带动了山东省经济的发展。同时，半岛区域核心城市数量也有所增加，小城镇发展迅速，城市空间布局较为合理，这种合理布局能较好地促进中心城市的主体地位和带动作用。

表 5 - 6　　　　　　　　　山东半岛城市等级表

等级	特大城市 (3)	大城市 (3)	中等城市 (13)	小城市 (17)
城市名称	青岛 济南 淄博	烟台 潍坊 泰安	东营、济宁、威海、日照、新泰、龙口、莱州、滕州、荣城、章丘、邹城、寿光、高密	临清、青州、曲阜、胶州、莱阳、诸城、文登、即墨、平度、胶南、蓬莱、招远、乳山、昌邑、安丘、栖霞、海阳

山东半岛城市群、城市带及都市连绵区（图 5 - 9）的形成是山东半岛旅游空间集聚群形成的重要基础之一。山东半岛城市群空间结构也是城市旅游空间集聚群空间结构形成的重要基础。

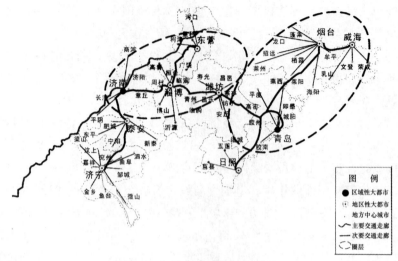

图 5-9　山东半岛都市连绵区

（二）投资环境

表 5-7　　　　　　　山东省投资环境（2005 年）

地区	区位及自然环境	经济环境	市场环境	人力资源环境	基础设施环境	社会服务环境	综合安全环境	综合评价
潍坊	0.57	0.23	0.16	0.24	0.17	0.35	0.75	2.47
济南	0.66	0.34	0.17	0.46	0.21	0.37	0.62	2.83
青岛	0.74	0.38	0.28	0.38	0.28	0.39	0.66	3.11
淄博	0.57	0.23	0.17	0.25	0.13	0.39	0.65	2.39
东营	0.61	0.26	0.20	0.35	0.23	0.37	0.58	2.60
烟台	0.64	0.29	0.22	0.32	0.15	0.34	0.73	2.69
莱芜	0.47	0.24	0.07	0.18	0.13	0.40	0.75	2.24
济宁	0.57	0.21	0.11	0.23	0.16	0.30	0.80	2.38
泰安	0.50	0.19	0.08	0.18	0.14	0.40	0.80	2.29
威海	0.63	0.29	0.22	0.24	0.25	0.42	0.72	2.77
日照	0.49	0.23	0.09	0.17	0.16	0.31	0.70	2.15
临沂	0.55	0.19	0.11	0.17	0.20	0.22	0.78	2.22

　　城市作为国家和区域的核心，在全球化和区域经济一体化进程中扮演着极其重要的角色，成为国家和地区竞争与角逐的主角。而竞争的焦点又集中在投资环境的竞争方面。本部分采用 2006 年《中国城市统计年鉴》中国家统计局城市社会经济调查司进行的中国主要城市投资环境评价数据（评价结果见表 5 - 7）。

　　自改革开放以来，随着社会主义市场经济体制的不断完善，山东半岛城市群地区国民经济呈现稳定快速发展的良好态势（见表 5 - 8），2008 年底，该区 GDP 总量为 23937.95 亿元，占山东省的 77.40%，人均 GDP 达 42386 元，高出山东省平均水平 30% 左右。在经济总量持续快速增长的同时，产业结构不断优化，由 1988 的 "27.7:50.9:21.4" 演变为 "7.3:57.4:35.3"，第三产业发展速度较快，其增加值由 1988 年的 137.66 亿元提升到 8462.51 亿元，增加了 60 多倍。

表 5 - 8　　　　　　　　　　山东半岛城市国民经济指标

地区	GDP（亿元）	经济密度（万元/km²）	人均 GDP（元/人）	三次产业结构
济南市	3017.42	3772.48	45724	5.8:44.1:50.1
青岛市	4436.18	3969.63	52678	5.1:50.8:44.1
淄博市	2316.78	3883.83	51547	3.5:64.8:31.7
东营市	2052.62	2590.65	102741	3.4:76.5:20.1
烟台市	3434.19	2498.23	49012	8.0:60.9:31.1
潍坊市	2491.81	1556.91	28106	11.3:58.4:30.3
济宁市	2122.16	1895.75	26721	12.1:55.8:32.1
泰安市	1513.30	1949.68	27794	10.6:55.5:33.9
威海市	1780.35	3124.52	63519	7.4:61.2:31.4
日照市	773.14	1445.66	28300	10.7:54.3:35.0
山东半岛	23937.95	2579.08	42386	7.3:57.4:35.3
山东省	31072.06	1977.52	33083	9.6:57.0:33.4
全国	300670	313.20	23648	11.3:48.6:40.1
占全省（%）	77.40	130.42	128.12	

（三）城市化水平较高，城市景观较好，旅游业发展的外部环境不
断得到优化和改善

城镇发展、城镇旅游发展、城镇旅游经济增长及城镇旅游空间结构
的关联模型如图 5 - 10 所示，城镇发展促进了社会、经济、文化的发
展，这为旅游业的发展提供了基础，并促进了城镇旅游业的发展。旅游
经济作为城镇经济发展的重要部分对促进城镇社会、经济、文化的发展
也将起到一定的作用。城市旅游发展水平在一定程度上与城市 GDP、总
人口、年人均可自由支配收入、全社会固定资产投资总额、进出口贸易
总额、客运量、社会消费品零售总额、星级饭店接待能力等城市社会、
经济、文化发展水平密切相关。为了分析城市旅游发展水平与这些因素
之间的定量关系，本书使用 2008 年山东半岛旅游圈 10 个旅游城市的统计
数据，使用 SPSS 统计软件对这些变量进行多元回归分析，得出城市旅游
收入与餐饮业收入及星级饭店接待能力密切相关，城市旅游收入与城市
餐饮业与星级饭店接待能力的正相关度分别达到 0.978，0.982；城市
GDP 的正相关度达到 0.964，与固定资产投资总额的正相关系数也达到
0.948。城市旅游发展水平与城市社会经济的发展水平密切相关。

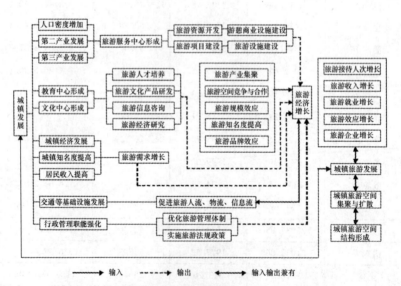

图 5 - 10　城镇发展、城镇旅游发展、城镇旅游经济增长及
城镇旅游空间结构的关联模型

　　相关研究表明，城市发展水平与城镇化水平存在着正相关关系。侯景新、尹卫红（2004）构建回归模型对这种关系进行了分析；周一星（1995）建立了曲线预测模型对这种关系进行了分析。卞显红使用 SPSS 统计软件，分析得出山东半岛城市旅游总收入与城镇化水平之间呈正相关关系，相关度为 0.7907，这在一定程度上说明城镇化率越高，城市旅游发展水平越高，城市旅游增长等级就越高。城市旅游业发展对城镇化水平也有一定的促进作用。笔者使用 2008 年山东半岛城市统计数据对城市旅游发展水平与城镇化率之间的相关关系进行了分析，其中城镇化率的计算公式为：城镇化率 ＝（城镇人口/城市总人口）×100%，相关研究数据见表 5 - 9 所示。城市旅游发展水平与城市社会、经济、文化发展水平密切相关。山东半岛旅游集聚区的形成不仅是由城市旅游业自身发展要求所决定的，也受城市发展水平的制约。近年来，伴随着经济的快速发展，山东半岛的城市化水平不断提高，大大提升了中心城市的带动辐射能力。

表 5 - 9　　　　　2008 年山东半岛 10 市旅游总收入与城镇化率

（亿元；%）

城市	济南	青岛	淄博	东营	烟台	潍坊	济宁	泰安	威海	日照
旅游总收入	210.6	420.3	127.1	28.6	228.5	148.5	150.7	143.5	158.7	81.7
城镇化率	65.08	55.37	40.87	38.36	42.33	44.78	32.15	29.19	43.04	36.72

三　快速、复合旅游交通通道是山东半岛城市旅游空间集聚群形成的空间骨架

　　发达的交通通信网络是城市群内各空间主体之间紧密联系的良好通道，是城市群形成和良性运行的重要前提条件。城市群内部的各种资源、要素的流动都必须以交通通信等设施为媒介，旅游者必须通过各种旅游交通设施完成从出发地到旅游目的地的空间转移，因而各个城市群之间联系的紧密程度，城市群的区域整合和一体化程度，与交通通信的

发达程度呈正相关。交通通信的发达程度与核心城市的辐射半径也是正相关。可以这么说，就是这二者共同决定了城市群的地域范围。山东半岛城市群内稠密而现代化的交通网络是各个城市间功能联系的通道，各城市间通道的畅通与否，即便捷程度，直接影响着城市功能的发挥，当然也影响着旅游功能的发挥。经过近十年的发展，山东半岛城市群区域交通便捷，已形成了由铁路、公路、水路、航空和管道等多种运输方式相互补充的立体化交通网络（见图 5-11）。

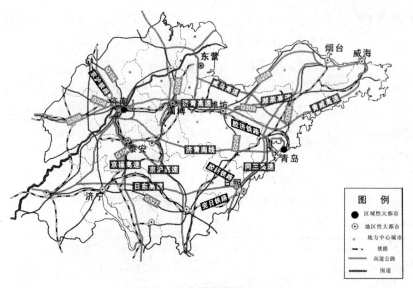

图 5-11　山东半岛旅游圈交通图

（一）四通八达的公路网络

　　山东的公路以通车里程长、路面等级高而闻名全国，各地市之间、主要旅游港口城市和主要物资集散地等，均由二级以上高级公路连接。山东省公路已形成"三纵三横和沿海环路"的主框架，基本上实现了以干线公路为主骨架、干支相连、四通八达的公路网络。现有的"三纵三横"网络主要包括南北走向的京福、京沪、同三三线与东西走向的日东、青银两线。山东省 2008 年高速公路的通车里程达到 4000 千米，实现了全省 80% 的县、市、区由高速公路全程连接。"十一五"

末，全省公路网通车里程达到 22.98 万千米，其中高速公路达到 4285 千米，新增 1122 千米，120 个县（市、区）通达高速公路，通达率为 86%，农村公路达到 20.3 万千米，新增 3.3 万千米，99.2% 的行政村通沥青路（或水泥路）。截至 2012 年底，全省公路通车总里程达到 24.45 万千米，其中高速公路 4975 千米，通达 128 个县市区，"五纵四横一环八连"高等级公路网主骨架初步形成。二级以上公路里程 38713.6 千米，连续多年位居全国第一。公路密度达到每百平方千米 156 千米，全省行政村基本实现村村通路，村村通客车。

由表 5-10 可知，加上贯穿山东半岛的京沪高速、京福高速、同三高速和日东高速共有 13 条重要高速公路贯穿于山东省，其中山东半岛的 8 个城市区分别被高速公路连接的次数为：青岛 7 次，烟台 7 次，济南 5 次，潍坊 5 次，威海 7 次，日照 1 次，淄博 2 次，东营 1 次。由此我们可以看出，青岛、烟台、济南等经济发达地区的高速路线密集，新型城市和边缘城市如日照和东营，由于地处山东半岛的北部边缘和东南边缘，高速交通路线较少。

表 5-10　　　　　　　　　　　　山东省主要高速公路

名称	山东段连接地点	主要途径城市
济青高速	济南、青岛	邹平、淄博、青州、昌乐、潍坊、高密
潍烟高速	潍坊、烟台	平度、莱西、莱阳、栖霞
青烟高速	青岛、烟台	即墨、莱西、莱阳
烟威高速	烟台、威海	牟平
青威高速	青岛、威海	海阳、乳山、文登
同三高速	烟台、日照	莱西、胶州、胶南、日照
青银高速	青岛、济南	青岛、潍坊、淄博、济南
潍莱高速	潍坊、莱阳	潍坊、青岛、烟台
威乌高速	威海、东营	威海、烟台、蓬莱、莱州、寿光、东营

（二）纵横贯通的铁路网络

山东半岛铁路交通网络密集，铁路交通干线众多。截至 2007 年底，全省铁路营运里程 3305 千米，形成了"三纵两横"路网主骨架。其中"三纵"即京九、京沪、烟大轮渡—蓝烟—胶新等国家干线铁路自北向南纵贯全境；"两横"即邯济—胶济、菏兖日铁路。京九、京沪线主要承担鲁西地区和省际间物资、人员交流任务，同时也是重要的煤炭运输通道、南北向主要省际通道。京沪铁路最为繁忙，在山东境内有三条复线，其中一条是货运专用。蓝烟铁路连接烟台、青岛两个港口，烟大铁路轮渡连接烟台与大连，完成山东半岛与辽东半岛的海陆对接，主要承担沿线各城市间和省际物资和人员交流任务，也是烟台港的主要疏港通道和东部沿海省际主要通道。两横通道将山东省沿海城市与中国内陆地区相连，沟通中国主要煤炭基地和青岛、烟台、日照等港口，是重要的煤炭运输通道、省内半岛城市群客运通道及东西向主要省际通道。胶济铁路连接济南与青岛，是青岛、烟台两港的重要疏港通道，2005 年胶济铁路进行了电气化改造，成为山东省的第一条电气化铁路；济南市是全国重要的铁路运输中转站，而且优势突出，京沪、胶济铁路在此交汇，是山东半岛铁路运输枢纽，是内陆客源进入本区域的首要汇集地，以胶济铁路为主轴将客源向山东半岛的其他城市输送。"十一五"末，全省铁路线总里程 3816 千米，新增铁路里程 414 千米，完成客运量超过 6000 万人次、货运量超过 2 亿吨。"十二五"期间，山东省进一步完善主干线铁路运输网络，形成"四纵四横"的铁路运输格局。加快京沪高铁、山西中南部铁路通道、德大、龙烟、枣临、邯济复线等在建项目的建设进度，构建纵贯南北、横贯东西的主网框架。加快建设石济客专、青荣城际、青日连等铁路，积极争取规划建设济青六线和京九客运专线山东段，构建快速客运通道。2015 年，铁路营业里程增加到 6100 千米，复线率达到 60%，电气化率达到 98%，高速铁路营业里程 358 千米。根据 2014 年国家发改委批复的《环渤海地区山东省城际轨道交通网规划（调整）》，山东省城际轨道交通网涵盖全省 17 市，总里程达 3753 千米，将形成全省"三纵三横"的快速铁路网构架。"三纵"快速铁路通道，实现省内贯通并连接北京、上海方向。

即京沪通道（德州—济南—泰安—曲阜—枣庄）、东部沿海通道（威海—烟台—青岛—日照）、京九沿线通道（临清—聊城—菏泽）。"三横"快速铁路通道，实现省内东西贯通并连接西部省份发，即中部通道（聊城—济南—青岛通道）、北部通道也是环渤海通道（德州—滨州—东营—烟台—威海）、南部通道（菏泽—济宁—临沂—日照）。《规划》共批复济南—青岛、潍坊—莱西、济南—泰安、济南—莱芜、济南—聊城、青岛—海阳等 21 个城际铁路项目。建成后，将大大拉近"济南与青岛双城"的距离，实现济南至青岛 1 小时直达。同时，烟台、威海"行路难"的问题也将得到解决，济南至烟台、威海约 2 小时直达。未来将形成以济南、青岛为中心，实现与周边城市 1 小时交通圈、济南与地级市及周边省会城市 2 小时交通圈、各地级市之间 3 小时交通圈。

（三）港口众多的水运

山东半岛沿海"十五"期间有港口 26 处，港口密度居全国之首。主要有青岛、烟台、威海、龙口、羊角沟、石臼港等港口。青岛港是全国五大国际港口之一，具有万吨以上泊位 25 个，与世界 130 多个国家和地区的 450 个港口通航；烟台港具有万吨以上深水泊位 19 个，与世界 70 多个国家和地区的 100 多个港口直接通航；莱州港是国家一类开放口岸，可与世界各大港口直接通航。"十一五"末，全省沿海港口综合通过能力达 4.56 亿吨，万吨级以上泊位 197 个，分别新增 2.07 亿吨和 83 个。全省内河通航航道里程达 1150 千米，五年新增 138 千米，内河港口通过能力达 4543 万吨，新增 2543 万吨。"十二五"期间以改造提升为重点，优化港口布局，加快资源整合，完善主体功能，建设现代港口管理体系。重点建设青岛、日照、烟台三大主要港口，加强黄河三角洲地区港口基础设施建设，形成以青岛港、日照港和烟台港为主体，威海、东营、潍坊、滨州等港口为主要组成部分，布局合理、分工明确、优势互补的现代化港口群。依托京杭运河黄金水道，统筹港口、航道、船闸建设，扩能升级，提升航道综合通过能力。到 2015 年，沿海港口综合通过能力达到 10 亿吨（核定能力），其中，集装箱通过能力达到 1600 万 TEU，沿海港口适应度达到 1∶1；内河通航里程达到 1500 千米，内河港口吞吐能力达到 7000 万吨，港口吞吐量突破 11 亿吨，水路货运量突破 2 亿吨。运输船舶净载重量达 1500 万吨，其中沿海运输船舶突破 620 万净载重吨，内河货运船舶基本实现标准化。首屈一指的跨海轮渡更值得一提，跨越渤海海峡的烟台至大连铁路——烟大铁路轮渡是中国第二条具有世界水平的轮渡，也是中国铁路网规划中"八纵八横"之一的东北至山东半岛地区陆海铁路大通道的重要组成部分。该项目新建铁路引线 34.35 千米，海上运输距离约 159.8 千米是中国最长、也是世界第 35 条超过百千米的跨海铁路轮渡，烟大铁路轮渡开通客运业务，不仅为大连和烟台两地旅游产业的发展注入了新活力，而且为山东半岛打通了东北地区的旅游通道。同样，为了进一步密切山东省与韩国的经济联系，"十二五"规划建设的威海—仁川多功能轮渡届时将大大缩短山东与韩国的往来时间，促进经济贸易的增长，更能促进旅游业的发展。

（四）蓬勃发展的航空

山东省"十五"期间已建成包括济南、青岛、烟台三个国际机场在内的 7 处机场，开通国际、国内航线 700 多条，并有了直飞日本、韩国、新加坡、俄罗斯、泰国和中国香港、中国澳门等国家和地区的国际航线。山东半岛主要机场有济南遥墙国际机场、济南张庄机场、青岛流亭国际机场、青岛胶州机场、烟台莱山国际机场、威海机场、东营机场、潍坊机场等。"十一五"末，全省民用机场 11 个，其中运输机场 8 个（含 4 个军民合用机场），通用机场 3 个，完成旅客吞吐量超过 2200 万人次、货邮吞吐量超过 27 万吨。世界发展经验表明，民航业越发达，外向型经济比例越高。民航作为空中交通门户，能够有效打通让世界了解山东、让山东走向世界的空中走廊。为此，山东省应拓展完善航线网络，开通直达或中转欧美的国际航线，新增至东南亚的航线，加密日韩、中国港澳台地区的航线航班；加大济南、青岛、烟台等机场与三大门户（北京、上海、广州机场）、省会城市和重点旅游城市的航线开辟力度和航班密度，充分发挥区域枢纽机场的中转衔接功能，构建完善中枢辐射式的国内航线运输网络；密切干支线机场联系，支持航空公司开辟省内机场之间的航线网络。根据《山东省政府关于加快民航业发展的意见》，到 2015 年，全省民用机场力争达到 20 个以上。其中，运输机场 10 个，通用机场 10 个以上。基地航空公司力争达到 6 家以上，投入飞机总数 160 架左右，到 2015 年，全省开通航空航线将达到 280 条，旅客吞吐量达到 4500 万人次，较 2010 年翻一番；货邮发送量 54 万吨，比 2010 年增长 80%。目前，长三角的上海、杭州；珠三角的广州、深圳等城市实行了"72 小时过境免签"政策，随着《中韩自由贸易协议》的签订，山东应积极争取成为 72 小时过境免签证的省份，成为国际游客出入境的重要节点。"72 小时过境免签"政策的实施，有利于发挥国际机场的综合功能与效益，吸引更多境外客商来山东和其他地区开展商贸洽谈和文化交流，吸引更多境外游客来山东及其他地区旅游。

可见，山东半岛城市群通过胶济通道、青烟通道等实现了城际联系。据山东省"十一五"规划，除了现已通车的胶济线电气化铁路外，济青客运专线、青岛—烟台—威海—荣成城际铁路、黄岛至日照铁路都将陆续开建，意味着青岛与烟台、威海、潍坊等城市间都将实现 1 小时到达，这对于构建半岛城市群旅游圈具有重要的意义。省际联系主要是通过胶济通道转向京沪通道与京津、山东半岛和苏北等地区相联系。外向型联系主要是向东通过飞机、轮渡等与日、韩等客源国交接，且针对空港基础设施相对薄弱的问题，山东省决定进一步加快济南、青岛机场建设，增加航线、航班，增强国内外旅客输送能力。

可见，山东半岛城市群已经构建形成海陆空通达的通道。内部形成 10 个地市路路畅通，实现区域内两两城市之间、重点景点之间高速相通，《环渤海地区山东省城际轨道交通网规划（调整）》的实施，意味着以济南、青岛为中心，实现与周边城市 1 小时交通圈、济南与地级市及周边省会城市 2 小时交通圈、各地级市间 3 小时交通圈；南与长三角，西与黄河流域省市，北与东北地区等外部高速贯通，实现与长三角、西北、东北地区直接快速连通；外向联系主要是通过飞机、轮渡等与日韩等客源国交接，形成以高速公路、铁路与轻轨为主骨架、航空、轮船、轮渡为补充的"路网完善、结构优化、衔接高效、管理职能规范、四通八达"的现代综合交通运输体系，这对于构建半岛城市群旅游圈具有重要的意义，为使山东半岛城市旅游圈成为与珠三角、长三角比肩的，与京津唐、辽中南地区共同构筑环渤海地区旅游合作圈的领头军奠定基础。

四　城市旅游空间相互作用力是山东半岛城市旅游空间集聚群形成的内在驱动力

（一）山东半岛城市旅游空间相互作用强度主要指标

1. 旅游者流

近年来，山东省的旅游客源市场结构比较稳定，入境旅游市场比重小，并以日本、韩国和中国港澳台地区为主；国内旅游市场以山东省市场和周边省市场为主。

2008 年，国内游客占到了山东省接待总人次的 98.97%，入境游客仅有 1.03%。亚洲是山东入境旅游市场的主体，2008 年占到了81.8%，其中，韩国和日本是山东省最主要的客源国，比重分别为50.9% 和 21.1%。欧洲和美洲市场所占比重为 16%。大洋洲、非洲各国虽然所占比重小，但增速快，2008 年分别同比增长 26.95% 和 32.56%。

山东省的国内游客绝大多数来自本省，比例占到了 48.1%。除此之外，最主要的客源市场来自华北和华东，如江苏、北京、河北、河南等省（市）。

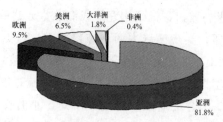

图 5-12　2008 年山东半岛入境客源市场构成

从表 5—11 可知，（1）山东省客源有 48.11% 来自本省。山东半岛区域内旅游者流量较大，反映了城市旅游空间相互作用较强。（2）山东省客源周边省（市）比较多的是江苏、北京、河北、河南等。4 省（市）占山东省国内客源的 19.3%，这在一定程度上说明山东半岛等旅游城市与区域外客源地之间的旅游空间相互作用强度小于其他城市与区域外客源地之间的旅游空间相互作用强度。

表 5 – 11　　　　　　　2008 年山东省国内旅游客源分布情况

客源地		占国内游客比重		
		当年（%）	去年（%）	比重增减（%）
按区域分组	东北地区	6.85	6.85	0.00
	西北地区	2.75	2.46	0.29
	华北地区	14.25	13.15	1.11
	华东地区	59.01	60.65	− 1.64
	华中地区	9.76	9.31	0.44
	华南地区	4.82	4.59	0.22
	西南地区	2.56	2.98	− 0.42
按省（区、市）分组	山东	48.11	48.85	− 0.74
	江苏	5.62	6.06	− 0.44
	北京	5.06	4.66	0.4
	河北	4.62	4.22	0.4
	河南	4.00	4.05	− 0.05
	辽宁	3.05	3.17	− 0.12
	浙江	2.75	3.05	− 0.3
	广东	2.69	2.76	− 0.07
	上海	2.53	2.68	− 0.15
	黑龙江	2.23	2.12	0.11
	山西	2.16	1.83	0.33
	天津	1.81	1.80	0.01

2. 山东半岛城市旅游经济联系度

笔者采用类似物理学万有引力定律的计算公式来测度城市间的旅游经济联系强度，用以反映中心旅游城市对周边区域的旅游经济辐射能力以及山东半岛区域旅游经济网络的发育情况（见表 4 – 6）。从旅游经济联系度与隶属度来看，山东半岛 10 市之间存在着或强或弱的联系，青岛对潍坊、威海、日照、烟台的拉动效应大；由于济南中转运输游客的能力强，济南与泰安、济宁在旅游资源方面互补性强，济南与泰安、济宁的旅游经济联系度高。

（二）城市旅游空间相互作用的基本效应及其对山东半岛城市旅游空间集聚形成的影响

借鉴张京详（2000）、曾菊新（1996）对城市空间相互作用基本效应的研究成果，笔者认为，城市旅游空间活动中各旅游要素的关联效应主要表现在两个方面：一是功能上的联系，反映在旅游要素功能所具有的互补、协调、配合等关系上；二是反映在城市旅游空间组织关系上，旅游要素在城市旅游空间上相互作用、相互制约确定了它们的空间组织与关联形式及其空间组合形态。根据城市旅游空间关联形式、内容及效应的差异性，城市旅游空间相互作用的基本效应可从旅游空间聚散效应、邻近效应、传输效应三个方面进行分析。

1. 聚散效应及其对山东半岛城市旅游空间集聚群形成的影响

旅游产业集聚经济效应产生的主要原因有：

（1）集聚能产生规模经济、地方化经济与城市化经济，其中规模经济能产生空间集中优势。

（2）旅游要素在一定空间范围的互补现象，使旅游产业集聚能获得单独布局所不能获取的利益。如旅游产业在客源上互补，能共享集聚区（群）的客源市场。

（3）旅游产业空间集聚能产生创新因素。旅游产业空间集聚能带来更多的信息交流，随着接触的逐步增多，会产生关于经营、管理、客源市场营销等方面的新设想和新方法，而且能带来相互学习的机会，学习先进的经验，以不断促进自身的发展。

旅游产业扩散效应是随着旅游空间集聚效应的产生而产生的，与集聚效应既相互对立又相互统一。旅游产业在空间集聚区（群）达到合理密度的最佳值（或称为临界点）之前，其旅游经济效应与经济密度呈正比例关系；在此之后，过度的集聚会使旅游经济密度与经济效益呈反比关系。因此，旅游产业集聚区（群）会产生扩散效应，从而促进更多的集聚区（群）的产生。

旅游产业集聚效应促使城市旅游企业偏向在旅游产业发达、旅游资源丰富、客源基础良好的区域集聚。山东半岛相当多的城市旅游集聚区 (群) 的产生也主要基于旅游产业集聚效应。旅游产业的扩散效应促进了新的旅游集聚区 (群) 的产生,从而促进山东半岛多极、多层次旅游产业集聚区 (群) 的形成。

　　2. 近邻效应及其对山东半岛城市旅游空间集聚群形成的影响

　　这种效应是指在一定旅游地域范围内,旅游空间结构要素由于紧邻关系和相互作用而对旅游经济增长、区域旅游发展产生的影响效果。一般来说,有正、负两种近邻效应。不同类型的旅游产业集聚在某一特定区域内,由于在客源上相互共享、在旅游吸引功能上相互补充,从而形成区域整体的旅游吸引力,这种吸引力大于不同单体吸引力的简单之和。比如,在旅游度假区内,旅游景区 (点) 吸引源源不断的旅游者到访,旅游饭店、宾馆、娱乐购物场所等旅游接待设施为到访的旅游者提供完善的旅游接待服务。这种正的近邻效应促进了旅游企业在旅游空间集聚区 (群) 内的集聚。

　　相同性质的旅游企业在旅游产业空间集聚区 (群) 内集聚可能会产生负的近邻效应。通常所说的旅游阴影区及旅游屏蔽区等就是这种负的近邻效应的体现。负的近邻效应促使旅游企业在空间上扩散,使旅游产业集聚区 (群) 的空间边界不断拓展,或在某特定的区域产生新的旅游产业空间集聚区 (群)。

　　3. 传输效应及其对山东半岛城市旅游空间集聚群形成的影响

　　旅游节点具有一定的旅游扩散力,通过旅游流对其他旅游节点产生一定的影响。旅游流的流动是旅游传输效应的重要体现。旅游空间集聚区 (群) 往往具有一个或数个中心旅游节点,以中心旅游节点为基础,通过旅游传输效应带动集聚区 (群) 内旅游产业的发展。一般来说,中心旅游节点的等级、规模越大,其传输效应越强;中心旅游节点之间及其与其他节点之间功能互补程度越大 (差异越大),其传输效应越大;中心旅游节点与集聚区 (群) 内其他非中心旅游节点之间的距离越小,其传输效应越大。在旅游空间关系紧密的特定旅游空间中,中心旅游节点往往通过旅游传输效应带动周边旅游节点的发展,同时也促使自身旅游发展实力不断壮大,从而促进城市旅游空间集聚区 (群) 的形成与发展。

五　山东半岛城市旅游空间集聚群形成的宏观政策机制

山东半岛城市旅游资源丰富，旅游交通发达，经济实力雄厚，客源市场广阔。山东半岛旅游圈 10 个地级以上城市绝大部分都把旅游业作为支柱产业来培育（见表 5-12）。

表 5-12　　　　2008 年山东半岛 10 市旅游收入占城市 GDP 的比例

城市	城市 GDP 总量（亿元）	旅游总收入	
		总量（亿元）	相当于 GDP 的比例（%）
济南市	4406.3	38.2	8.69
青岛市	6615.6	681.4	10.30
淄博市	3280.2	262.5	8.00
东营市	2676.4	56.8	2.12
烟台市	4906.8	403.3	8.22
潍坊市	3541.9	315.2	8.90
济宁市	2896.7	286.3	9.88
泰安市	2304.3	318.5	13.82
威海市	2111.0	253.0	11.99
日照市	1214.1	151.4	12.47

山东半岛主要旅游城市把城市旅游业作为一种支柱产业来发展，在城市旅游发展政策、旅游用地政策、旅游投融资政策、旅游产业政策、旅游资源开发、旅游教育培训、旅游规划等旅游科研活动的支持等方面都从有利于旅游业快速、健康发展的角度考虑。各种城市旅游发展政策的制定对促进城市旅游快速健康发展及旅游产业集聚与扩散具有重要的影响作用，继而对山东半岛城市旅游空间集聚群的形成产生重要影响。

在山东半岛城市旅游发展政策对城市旅游空间集聚区形成的影响因

素中，最为重要的是山东半岛各城市主动开展城市旅游联合发展，并就城市旅游联合发展问题制定相关政策，签订相关城市旅游联合发展协议。山东半岛城市群的区域旅游合作是从 2004 年开始的。2004 年 9 月15 日，"山东半岛城市群旅游合作联席座谈会议"在青岛举行。会议中济南、青岛、烟台、淄博、威海、潍坊、日照、东营 8 城市旅游局，签订了《山东半岛城市群旅游合作宣言》。该宣言决定加强区域合作，构筑半岛城市群旅游圈；整合半岛城市群旅游资源；联合促销宣传，共同开拓旅游市场；建立半岛城市群旅游信息服务体系，推行"齐鲁金穗旅游卡"，实行 8 个城市一张票，联合打造半岛城市群无障碍旅游区；建立联席会议等进行区域协作。这标志着山东半岛城市旅游合作进入实质性阶段。11 月 5—7 日，半岛城市群 8 城市及泰安、曲阜两城市，在青岛联合举行了"半岛城市群 8 + 2 海外旅游推介会"，向来自日本、韩国、泰国、新加坡、马来西亚等国家和地区的旅行商、记者等推介山东旅游产品以扩大山东旅游的整体影响。建立多元化、全方位的合作模式，将是半岛城市群区域旅游合作的目标。半岛城市群 8 城市在整合半岛旅游资源中建立了山东省"8 + X 旅游促销论坛"，集体面向新亚欧大陆桥及黄河流域、京津唐区域、沪宁杭区域、珠三角区域、辽东半岛城市群及东北区域、石邯太区域、成都与重庆区域、环武汉区域等进行区域旅游招商，并相应增加了半岛城市群直通这些地区的必要的空、海、陆快速交通工具，以便更多的国内游客来游山东半岛、游齐鲁大地，使山东半岛真正成为新亚欧大陆桥和黄河流域旅游带的龙头，成为京津唐城市群和山东半岛城市群的后花园。

为充分发挥半岛城市群区域旅游合作在国内国际旅游市场的竞争优势，建议山东半岛旅游圈 10 市实行半岛城市公交一卡通制度，支持半岛人游半岛和山东人游半岛。作为区域资源整体吸引国内游客到山东半岛来旅游，实行半岛城市公交一卡通制度，是逐步建立和发挥同城效应，支持全国人游半岛和山东人游半岛的有效办法之一。在实行半岛公交一卡通时可给持卡游客一定的优惠，以鼓励半岛人游半岛和山东人游半岛。这对启动山东内部近亿人口的旅游市场将起到促进作用。在启动阶段也可以先在济南—青岛之间、青岛—烟台—威海—日照之间进行试验，并逐步在 10 市实行公交"一卡通"。

第三节 主要研究结论

一 山东半岛城市旅游空间结构及其形成的产业机理

1. 目前，山东半岛城市旅游空间形成了两核：青岛、济南为山东半岛城市旅游发展的核心；烟台、威海、日照、潍坊、泰安、济宁、淄博、东营8大城市是旅游发展极。两群（空间集聚群）：由青岛、烟台、威海、日照、潍坊等形成的青岛核心旅游空间集聚群；由济南、泰安、济宁、淄博等形成的济南城市旅游集聚群；四带（济青旅游带、滨海旅游带、日潍东旅游带、济济泰旅游带）及若干城市旅游增长中心（增长极）、城市旅游集聚区的空间分布形态。

2. 城市旅游空间集聚区一般都较好地解决了旅游的可达性问题，游客可以便捷地抵达，旅游企业区位选择则偏向在城市旅游空间集聚区布局。另外，城市的外部旅游交通区位也直接影响着旅游企业空间区位的选择。一个城市航空运输的有无将直接影响其吸引国内中长途客源，甚至国际客源的能力；铁路运力的大小将直接影响城市到访客源的规模、城市旅游吸引力范围及游客抵达的便捷程度；高速公路等快速公路通畅里程将直接影响中短途游客快速便捷地抵达的程度及自驾车游客等散客的旅游决策行为。

二 城市旅游增长极形成机制分析

城市旅游资源与区位条件是山东半岛城市旅游增长极形成的资源与区位基础；城市旅游业作为城市推动型产业是山东半岛城市旅游增长极形成的产业基础；持续增长的城市旅游需求、政府在城市旅游发展中的主导作用是山东半岛城市旅游增长极形成的重要推动力量；旅游产业集群发展是山东半岛城市旅游增长极形成的内在产业机理；城市旅游发展存在的空间差异与极化及城市发展也是山东半岛城市旅游增长极形成的重要机制。

三　城市旅游"点—轴"空间结构形成机制分析

1. 城市旅游增长极、城市旅游核心区与城市旅游边缘区是城市旅游发展的重要集聚与扩散区域，它们所蕴含的城市旅游发展力量需要沿着通达性较强的旅游发展通道扩散，而旅游交通通道是城市旅游要素流动和扩散必须借助的工具。城市旅游空间结构的形成与演化具有以主要旅游交通干线为扩散轴的特征，其空间结构的拓展方向一般表现为城市旅游增长极、城市旅游核心区域、城市旅游周边区域的旅游要素沿旅游交通轴线或两条旅游交通轴线之间的两个轴向进行。城市旅游空间结构形成和演化的具体过程将是城市旅游"点—轴"空间结构模式。

2. 重要的旅游节点是城市旅游发展轴形成的依托力量。旅游发展轴上的各个旅游节点是旅游发展轴带区域的各级旅游中心节点，它们是旅游发展轴线集聚作用和扩散作用的核心，是城市旅游"点—轴"空间结构系统中的节点。城市旅游节点系统是城市旅游发展轴线形成的基础。城市旅游节点系统与城市旅游发展轴线的空间耦合形成了城市旅游"点—轴"空间结构系统。在旅游空间经济互动中，不论是旅游景区(点)，还是旅游饭店与旅行社，都存在着按地域集聚与扩散的两种客观态势。集聚旨在提高集聚规模效应和协同效益，扩散可为旅游消费者带来便利，减少旅游竞争强度。

3. 旅游区域内各个旅游节点是呈等级系统的，同理，连接旅游节点的旅游发展轴线也可分为若干等级。不同等级的旅游发展轴线对周围的区域具有不同强度的旅游吸引力和凝聚力。在区域旅游规划中，运用旅游"点—轴"开发模式分析和确定重点旅游发展轴线是非常重要的。城市旅游交通发展轴线是城市旅游"点—轴"空间结构形成的必要条件。城市旅游交通发展轴线之所以成为城市旅游发展轴线的必要条件，是因为它促进了城市旅游产业带的形成，带动了沿旅游交通发展轴线旅游资源的开发与旅游项目的建设。城市旅游发展水轴线也是一种重要的城市旅游发展轴线。滨海、滨河、滨湖等轴线地带往往具有丰富的旅游资源，是旅游发展的优势地带。

4. 主要旅游节点系统是山东半岛城市旅游"点—轴"空间结构形成的节点基础；城市旅游交通轴线是山东半岛城市旅游"点—轴"空

间结构形成的基本框架；城市旅游节点系统与城市旅游交通发展轴线的空间耦合形成了山东半岛城市旅游"点—轴"空间结构系统。

四　城市旅游空间集聚区（群）形成机制分析

1. 城市旅游空间集聚区从微观空间尺度讲主要是指城市旅游产业空间集聚区，从宏观空间尺度讲主要是指随着城市群（带）的形成而产生的城市旅游空间集聚群。城市旅游空间集聚区（群）的类型主要有：由自然与人文旅游资源空间集聚而形成的城市旅游空间集聚区、城市商业游憩与环城游憩空间集聚区、城市主题公园空间集聚区、城市旅游度假空间集聚区、都市带旅游空间集聚群与大都市旅游空间集聚区等。城市旅游空间集聚区（群）的特征主要体现在：城市旅游发展水平高，城市旅游资源丰富；城市旅游相互作用强度大，旅游经济联系度高；旅游交通网络十分发达；城市旅游节点众多，城市旅游发展轴线交错复杂；城市旅游一体化协同发展区域，可实施城市旅游联合发展；城市旅游空间等级关系复杂，具有多层次极化特征等。

2. 自然条件与自然区位是山东半岛城市旅游空间集聚群形成的基础条件；经济、文化区位条件是山东半岛都市旅游空间集聚群形成的强大推动力；山东半岛城市群、城市带及都市连绵区的形成及发达的城市旅游经济与高密度的旅游城镇是山东半岛城市旅游空间集聚群形成的重要基础；快速、复合旅游交通通道是山东半岛城市旅游空间集聚群形成的空间骨架；城市旅游空间的相互作用是山东半岛城市旅游空间集聚群形成的内在驱动力。

参考文献

吴必虎:《大城市环城游憩带（ReMAB）研究》,《地理科学》2001 年第 4 期。

保继刚、古诗韵:《广州城市游憩商业区（RBD）的形成与发展》,《人文地理》2002 年第 5 期。

侯国林、黄震方、赵志筱:《城市商业游憩区的形成及其空间结构分析》,《人文地理》2002 年第 5 期。

侯国林、黄襄方:《城市商业游憩区旅游开发的原则与产品体系》,《城市问题》2001 年第 1 期。

黄震方、侠国林:《大城市商业游憩区形成机制研究》,《地理学与国土研究》2001 年第 4 期。

古诗韵、保继刚:《广州城市游憩商业区（RBD）对城市发展的影响》,《地理科学》2002 年第 4 期。

保继刚:《旅游者空间行为规律在宾馆选址中的意义初探》,《人文地理》1991 年第 3 期。

卞显红:《城市旅游空间规划布局的影响因素分析》,《地域研究与开发》2003 年第 3 期。

王云龙:《关于会展经济空间运动形式的分析》,《人文地理》2005 年第 4 期。

邓冰、俞曦、吴必虎:《旅游产业的集聚及其影响因素初探》,《桂林旅游高等专科学校学报》2004 年第 6 期。

庄晋时:《区域要素整合与小企业发展》,西南财经大学出版社 2004 年版。

朱英明:《产业集聚论》,经济科学出版社 2003 年版。

周伟林、严冀等：《城市经济学》，复旦大学出版社 2004 年版。

安虎森：《区域经济学通论》，经济科学出版社 2004 年版。

郭伟、方淑芬：《旅游复合系统协调开发理论、方法、实证》，地质出版社 2004 年版。

李仲广：《旅游经济学：模型与方法》，中国旅游出版社 2006 年版。

卞显红：《长江三角洲城市旅游空间一体化分析及其联合发展战略》，中国经济出版社 2011 年版。

张辉：《旅游战略需要调整》，《三秦都市报》2003 年 9 月 29 日。

马勇、李玺：《旅游规划与开发》，高等教育出版社 2002 年版。

刘再兴：《中国区域经济分析与对比研究》，中国物价出版社 1993 年版。

陆大道：《区域发展及其空间结构》，科学出版社 1995 年版。

景体华、陈孟平等：《2005—2006 年：中国区域经济发展报告》，社会科学文献出版社 2006 年版。

保继刚等：《旅游地理学》，高等教育出版社 1993 年版。

刘再兴：《中国区域经济：数量分析与对比研究》，中国物价出版社 1993 年版。

国务院农村发展研究中心区域发展研究室：《国民经济成长阶段的区域问题》，《管理世界》1989 年第 4 期。

韦伟等：《中国地区比较优势分析》，中国计划出版社 1992 年版。

李永文：《中国旅游资源地域分异规律及其开发研究》，《旅游学刊》1995 年第 2 期。

［美］沃尔特·伊萨德（Walter Isard）：《区域科学导论》，陈宗兴等译，北京高等教育出版社 1990 年版。

张广瑞：《简谈国际旅游城市应具备的条件——兼谈北京作为国际旅游城市还缺什么》，《旅游学刊》1994 年第 4 期。

黎洁、赵西萍：《论国际旅游竞争力》，《商业经济与管理》1999 年第 4 期。

李明德：《试论国际旅游城市的标准》，《旅游学刊》1999 年第 6 期。

万绪才、李刚、张安：《区域旅游业国际竞争力定量评价理论与实践研究》，《经济地理》2001 年第 3 期。

李树民、陈实等：《西安城市旅游竞争力的比较研究》，《西北大学学报》（哲学社会科学版）2002 年第 4 期。

苏伟忠、杨英宝、顾朝林：《城市旅游竞争力评价初探》，《旅游学刊》2003 年第 3 期。

甘巧林：《旅游大省旅游业发展实力比较——兼析广东旅游业的发展实力》，《旅游学刊》2003 年第 2 期。

吴必虎：《旅游系统：对旅游活动与旅游科学的一种解释》，旅游教育出版社 1999 年版。

刘锋：《旅游系统规划的实施途径与案例研究——以宁夏回族自治区为例》，《地理科学进展》2000 年第 3 期。

家增：《发展都市旅游之我见》，《旅游学刊》1996 年第 3 期。

魏卫、李娟文：《都市旅游与旅游产品开发——以武汉市为例》，《经济地理》1997 年第 12 期。

钟卫东、张伟：《城市竞争力评价问题研究》，《中国矿业大学学报》（社会科学版）2002 年第 3 期。

金卫东：《城市旅游形象浅析》，《城市规划汇刊》1995 年第 1 期。

宁越敏、唐礼智：《城市竞争力的概念和指标体系》，《现代城市研究》2001 年第 3 期。

徐虹：《智力资本：21 世纪旅游饭店战略竞争力的源泉》，《南开管理评论》2000 年第 5 期。

邹薇：《再论国家竞争力的内涵及其测试体系》，《经济评论》2000 年第 3 期。

彭华：《关于旅游地文化开发的探讨》，《旅游学刊》1998 年第 1 期。

郭利平、陈忠暖：《中国区域旅游经济综合实力分析和类型划分》，《地理学与国土研究》2001 年第 3 期。

吴必虎：《旅游系统：对旅游活动与旅游科学的一种解释》，《旅游学刊》1998 年第 1 期。

朱春奎：《区域产业竞争力评价指标与方法》，《江西行政学院学报》2003 年第 5 期。

陈野信道:《观光社会经济学》,古今书院 1985 年版。

《2009 山东统计年鉴》,中国统计出版社 2009 年版。

李天元:《旅游学概论》,南开大学出版社 2000 年版。

何佳梅、王德刚:《山东省文化资源旅游开发研究》,齐鲁书社 2004 年版。

陈传康:《区域持续发展与行业开发》,《地理学报》1997 年第 6 期。

彭华:《关于旅游地文化开发的探讨》,《旅游学刊》1998 年第 1 期。

郭利平、陈忠暖:《中国区域旅游经济综合实力分析和类型划分》,《地理学与国土研究》2001 年第 3 期。

吴洪斌、李梦:《山东向旅游强省迈进》,《大众日报》2007 年 1 月 9 日。

张文忠:《经济区位论》,科学出版社 2000 年版。

Judd, D. R. "Promoting Tourism in US Cities." *Tourism Management*, 1995, 16 (1): 175-187.

Christaller. Some Considerations of Tourism Location in Europe: The Peripheral Region-underdeveloped Countries-recreation Areas, Papers and Proceedings of Regional Science Association 1964, 12: 95-105.

Smith, D. M. *Industrical Location: An Economic Geographical Analysis*. New York: John Wile & sons, 1971.

Miossec, J. W. Elements Pourune Theoriedel Escape Touristique, Les Gahiers Du Tourisme: C-3, CHET, Aix-en-Provence, 1976.

Gormsen, E. The Spatio-temporal Development of International Tourism: Attempt at a Center-periphery Model . In La Consummation Déspace Parle Tourism Preservation, Chet, Aix-en-Provence, 1981: 950 – 170.

Briton, S. G. "The Spatial Organization of Tourism in a neo-colonial Economy: Afiji Case Study." *Pacific Viewpoint*, 1980, 21 (2): 144-65.

Douglas G. Pearce. "Tourism in Paris Studies at the Micro-scale." *Annals of Tourism Research*, 1999, 26 (1): 79.

Weaver, D. B. "Peripheries of the Periphery: Tourism in Tobago and Barbuda. " *Annals of Tourism Research*, 1998, 25 (2): 292-313.

Gunn, C. A. *Tourism Planning*. New York: Taylor & Francis. 1988.

Dianne Dredge. "Destination Place Planning and Design. " *Annals of Tourism Research*, 1999, 26 (4): 786.

Alberto Sessa. "The Science of System for Tourism Development. " *Annals of Tourism Research*, 1988, Vol. 15. 219-235.

Steven Selin and Kim Beacon. " Inter Organizational Relations in Tourism. " *Annals of Tourism Research*, 1991, Volume 18, Issue 4, 639 – 652.

Iiena Young. "Public-Private Sector Cooperation: Enhancing Tourism Competitiveness. " *Annals of Tourism Research*, 2002, Vol. 29, No. 2, pp. 573-574.

Jenny Briedenhann, Eugenia Wickens. "Tourism Routes as a Tool for the Economic Development of Rural Areas-vibrant Hope or Impossible Dream. " *Tourism Management*, 2004 (25) 71-79.

Diego Medina Munoz and Juan Manuel Garcia Falcon. "Successful Relationship Between Hotels and Agencies. " *Annals of Tourism Research*, 2000, Vol. 27, No. 3, 737-762.

Twan Huybers and Jeff Bennett. "Inter-firm Cooperation at Nature-based Tourism Destinations. " *Journal of Socio-Economics*, 2003 (32): 571-587.

Alejandro Yanez Arancibia and John W. Day. "The Gulf of Mexico: Towards an Integration of Coastal Management with Large Marine Ecosystem Management. " *Ocean & Coastal Management*, 2004 (47): 537-563.

Cevat Tosun. "Stages in the Emergence of a Participatory Tourism Development Approach in the Developing World. " *Geoforum*, 2005 (36): 333-352.

后　记

　　旅游城市群是社会发展的城市化进程中出现的一种旅游城市空间组织形式，是高级阶段的呈现状态，它已经成为衡量地区旅游发展水平的重要标志。城市群旅游空间结构问题正成为一种新的社会综合现象，受到越来越多的社会关注。本书是在借鉴国内外大量关于城市旅游空间及其发展方面研究成果的基础上完成的山东半岛旅游城市群空间结构分析，他们的成果不同程度地反映在本书中，在此向这些学者表示衷心的感谢。尤其要感谢的是浙江工商大学旅游学院副院长卞显红教授，本书是在参考卞显红教授主持的国家社会科学基金项目"长江三角洲城市旅游空间一体化分析及其联合发展战略研究"的多项研究成果的基础上形成的，在此向卞显红教授表示衷心的感谢。感谢青岛大学旅游学院院长马波教授对我的学术研究所给予的指导与帮助，感谢山东省旅游局的大力支持，感谢山东潍坊旅游局的大力帮助，感谢志同道合的李建卫所给予的帮助。由于时间和水平的限制，书中错误和不足之处在所难免，恳请读者批评指正。